W0241044

Lunettes à vision
nocturne vues
de profil

Détecteur de micros

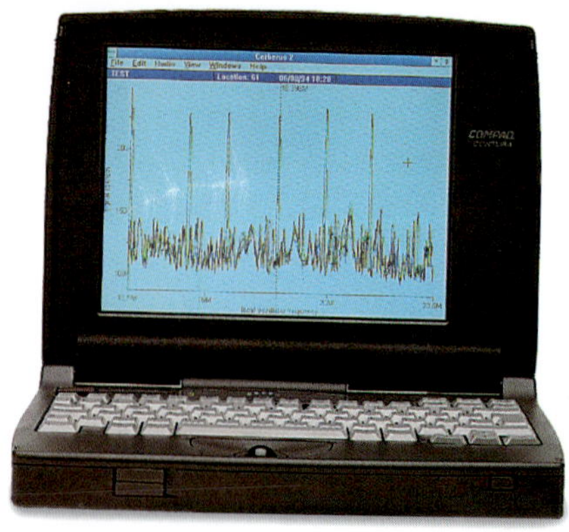

Diagramme
permettant de localiser
d'éventuels micros
dans un immeuble

Boîte contenant des
explosifs qu'un agent en
mission peut utiliser si
une guerre éclate.

Fusil à grappin
de James Bond dans
le film *Goldeneye*

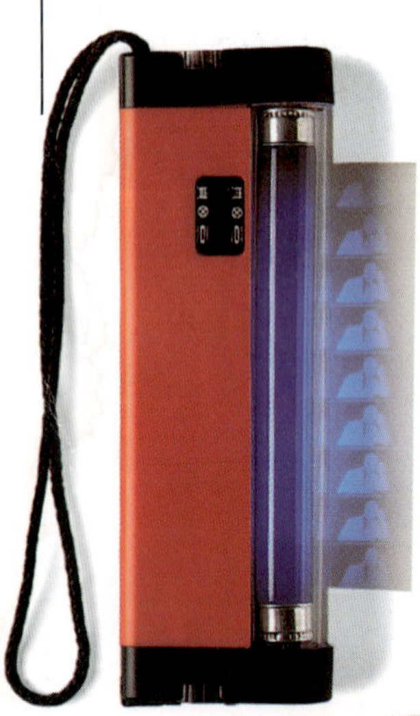

Lampe
à ultraviolet

Traces de pied faites par un agent du SOE
avec de fausses plantes de pied en caoutchouc

Cette boîte de conserve de langue de bœuf renferme une carte de France, des cisailles et plusieurs boussoles. (Première Guerre mondiale)

histoires d'espions

Encre invisble et éponge allemandes (Seconde Guerre mondiale)

par

Richard Platt

Photographies originales de Geoff Dann et Steve Gorton

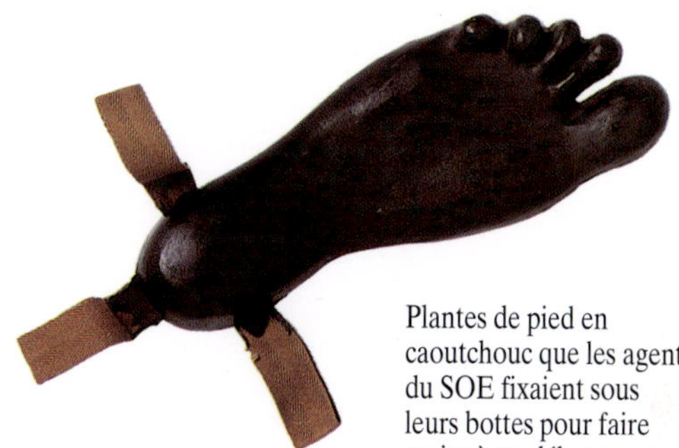

Plantes de pied en caoutchouc que les agents du SOE fixaient sous leurs bottes pour faire croire à un débarquement sur une plage.

Compartiment secret dans le talon d'une botte en cuir (Seconde Guerre mondiale)

Message caché dans le talon d'un botte en caoutchouc (Seconde Guerre mondiale)

GALLIMARD

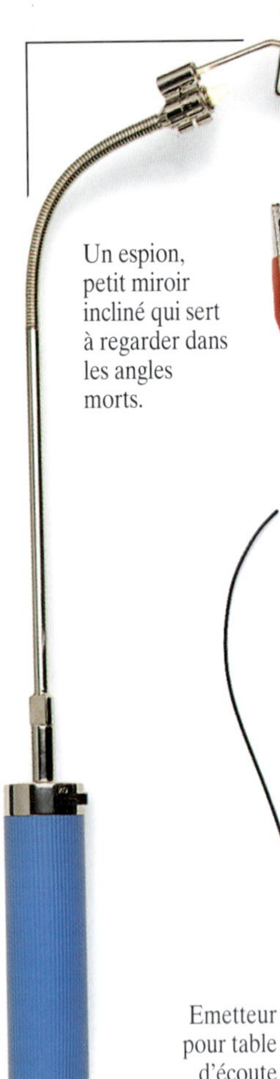

Un espion, petit miroir incliné qui sert à regarder dans les angles morts.

Emetteur pour table d'écoute

Comité éditorial

Londres :
Gillian Denton, Julia Harris,
Miranda Smith, Kati Poynor,
Julie Ferris, Charlotte Traill ,
Sarah Moule

Paris :
Christine Baker, Clotilde Lefebvre,
Jacques Marziou et Éric Pierrat

Edition française traduite par
Christine Monnatte
et préparée par
Rémi Kauffer

Publié sous la direction de

Peter Kindersley,
Jean-Olivier Héron
et
Pierre Marchand

Carte de France sur soie utilisée en temps de guerre

AVIS AUX LECTEURS
Dans tous les textes de ce livre, les différents services de renseignement sont désignés par leur sigle respectif. Ces abréviations d'usage courant sont expliquées dans un glossaire qui se trouve page 60 avec l'index de cet ouvrage.

Emetteur de poche

ISBN 2-07-059533-1
La conception de cette collection est le fruit
d'une collaboration entre les Editions Gallimard et Dorling Kindersley.
© Dorling Kindersley Limited, Londres 1996
© Editions Gallimard, Paris 1996, pour l'édition française
Loi n° 49-956 du 16 juillet 1949
sur les publications destinées à la jeunesse
1er dépôt légal : septembre 1996
Dépôt légal : février 1998. N° d'édition : 84762
Imprimé à Singapour

Poupée fabriquée à Fresnes par l'agent britannique Odette Sansom, emprisonnée pendant la Seconde Guerre mondiale

Boîte d'allumettes pour agent très spécial

SOMMAIRE

Boîte pour pilules empoisonnées (Seconde Guerre mondiale

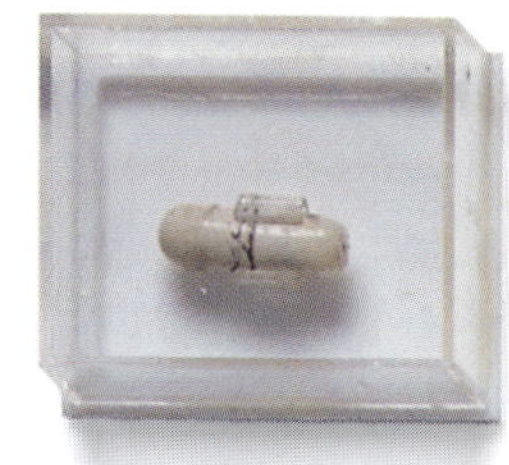

Pilule empoisonnée (Seconde Guerre mondiale)

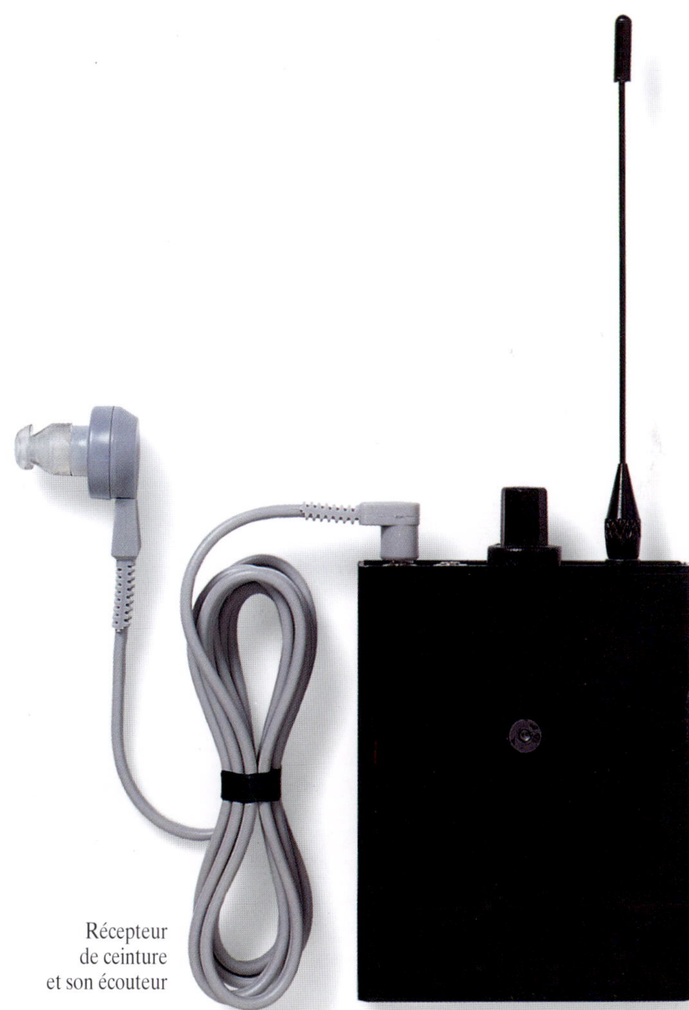

Récepteur de ceinture et son écouteur

QU'EST-CE QU'UN ESPION ?

Les origines de l'espionnage remontent à des milliers d'années, quand les États commencèrent à s'affronter pour conquérir ou défendre des territoires, des richesses ou même des esclaves. Des espions s'infiltraient dans les camps ennemis pour y dénombrer les soldats ou découvrir un plan d'attaque. Ils étaient accueillis en héros quand ils rapportaient les informations désirées. S'ils échouaient et étaient pris, ils étaient condamnés à mort. Tout au long de l'Histoire, des généraux, des hommes d'État ou d'affaires ont utilisé les mots « top secret » ou « confidentiel » pour conserver des renseignements ou des documents de première importance. Ce sont ces mêmes personnes qui emploient des espions pour trouver des informations que d'autres préféreraient tenir secrètes, ou pour transmettre des renseignements à des gens qui ne sont pas censés les connaître. Les espions mènent une vie dangereuse. Mais ils peuvent faire gagner ou perdre des guerres et, dans certains cas, changer le cours de l'Histoire.

Rahab avait attaché un cordon de fil écarlate à sa fenêtre.

L'ESPIONNAGE DANS LA BIBLE
L'Ancien Testament, le livre saint des juifs et des chrétiens, raconte comment des espions agirent pour provoquer la chute de Jéricho. Josué, le conquérant de la Terre promise, envoya discrètement deux agents dans la cité fortifiée. Les deux hommes se rendirent chez Rahab, une prostituée, et se cachèrent sur le toit de sa maison. Rahab mentit pour protéger les espions, et quand les troupes de Josué mirent la ville à sac, tous les habitants furent massacrés, à l'exception de Rahab et des siens.

Josué réussit à faire tomber les murs de Jéricho.

Une tapisserie montre des espions de chaque camp pendant la bataille.

UN ESPION ÉGYPTIEN
A la mort de son époux Toutankhamon, en 1346 avant notre ère, la jeune reine d'Égypte Ankhesanamon voulut se remarier. Elle écrivit à un roi voisin : « Envoyez-moi l'un de vos fils… pour qu'il soit roi d'Egypte. » Mais le roi préféra déléguer son conseiller comme espion, pour deviner les intentions de la souveraine.

ESPIONNAGE MONGOL

Des espions ont aidé Gengis Khan (1167-1227) à conquérir la plus grande partie de l'Asie. Originaire de Mongolie, en Asie centrale, ce conquérant redoutable savait que des hommes aux traits asiatiques éveilleraient les soupçons dans les contrées occidentales. Il recruta donc des agents sur place, aux endroits stratégiques. Ces espions du cru étaient plus à l'aise pour collecter des renseignements. Pour acheminer les messages secrets venus des régions lointaines, il choisissait d'habiles cavaliers qui se déplaçaient dix fois plus vite qu'une armée en marche.

A l'est, l'Empire mongol s'étendait jusqu'à l'océan Pacifique.

ALEXANDRE LE GRAND

Alexandre le Grand (356-323 av. J.-C.), roi de Macédoine, utilisait des espions pour connaître les mouvements de troupe de ses ennemis et déterminer le meilleur itinéraire pour ses armées. Les espions d'Alexandre avaient une technique simple mais efficace pour protéger leurs informations. Ils inscrivaient longitudinalement leurs messages sur une bande de parchemin enroulée en spirale autour d'un bâton. Quand elle était déroulée, on obtenait une série de lettres sans suite. En enroulant le parchemin sur un bâton identique, les mots se reformaient.

L'ART DE PASSER INAPERÇU

On trouve de nombreuses femmes parmi les plus célèbres espions. En effet, elles avaient plus de chance de passer inaperçues là où un homme aurait été vite repéré. En temps de guerre, quasiment tous les hommes jeunes partent au front et un homme en civil est chose rare. Sur ce cliché, on voit deux espionnes néerlandaises pendant la Seconde Guerre mondiale (1939-1945) ; celle de droite est en train de prendre une photo avec un appareil caché.

Un panier ajouré permet de dissimuler un appareil photo.

La tapisserie de Bayeux est un véritable travail de broderie, sur une toile de lin longue de 70 m.

LES ESPIONS FONT TAPISSERIE

La tapisserie de Bayeux montre des espions pendant la bataille d'Hastings (1066), en Angleterre. Elle illustre comment l'armée de Guillaume le Conquérant (1028-1087), venue de Normandie, conquit l'Angleterre. Les espions anglais avaient rapporté que des milliers de Français aux cheveux courts et rasés formaient comme une armée en marche. Les Anglais en conclurent qu'il s'agissait là de simples moines, car à cette époque, en Angleterre, tous les hommes à l'exception des moines portaient la moustache et les cheveux longs : les « moines » qu'ils avaient repérés étaient en réalité des soldats.

En temps de paix, les espions ne tuent pas autant que 007.

HÉROS DE FICTION

James Bond, le célèbre agent 007, est le héros de treize romans de l'auteur anglais Ian Fleming (1908-1964), qui fut lui-même officier de renseignement avant d'embrasser la carrière d'écrivain. Ses personnages sont inspirés d'individus qu'il a réellement rencontrés, mais l'intrigue de ses livres et des films néglige l'aspect routinier de la vie des vrais espions. Certains exploits accomplis par Fleming furent, disait-il, aussi audacieux que ceux de son héros 007.

LA GALAXIE DES ESPIONS

MICE (Money, Ideology, Compromise, Ego, c'est-à-dire : argent, idéologie, compromission et orgueil), les professionnels du renseignement énumèrent ainsi les quatre grands motifs qui peuvent pousser les gens à travailler pour les services secrets. Bien des personnes sont recrutées moyennant finances. D'autres par convictions politiques ou autres, plus personnelles. Certains agents ont cédé au chantage ou à la flatterie. On peut introduire une « taupe » au sein d'une organisation-cible, mais c'est un travail long et délicat ; il vaut mieux recruter une personne déjà en place. Cette manière de faire est généralement plus productive surtout si l'agent recruté a accès à des informations classées « secret ».

TROUBADOURS ET MÉNESTRELS
Ces poètes du Moyen Age allaient de château en château pour divertir les nobles en leur demeure. Certains d'entre eux avaient plusieurs cordes à leur arc : ils épiaient les conversations et répétaient ce qu'ils avaient entendu lors de leurs représentations.

BAVARDAGES
Les espions ne se font pas remarquer en portant un uniforme ! Cette affiche de temps de guerre recommande aux Britanniques de surveiller leurs conversations et de ne pas parler à l'aveuglette de leurs fils ou époux partis au combat car « les bavardages insouciants peuvent coûter des vies ». Dans l'autobus, notamment, des espions ressemblant à de simples passagers pouvaient écouter les conversations et découvrir des renseignements militaires déterminants.

Walker arpentait les rues de Vienne pendant que les agents soviétiques s'assuraient qu'il n'était pas suivi.

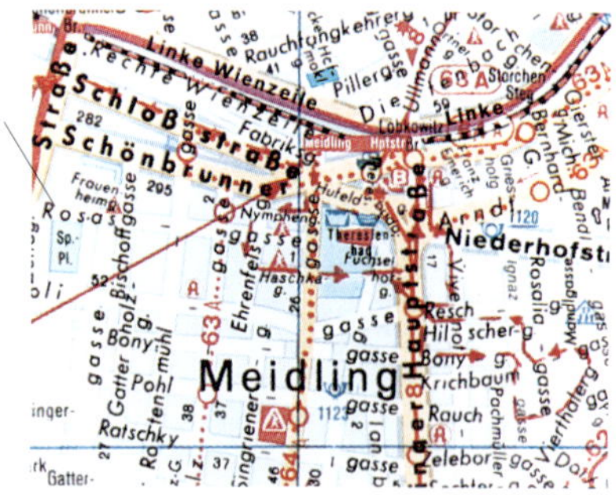

L'immeuble (indiqué aussi sur le plan) désigné dans les instructions reçues par Walker pour une visite à Vienne en 1978

UN ESPION DANS LA MARINE
Pendant dix-sept ans, l'Américain John Walker a travaillé pour la marine américaine tout en vendant des renseignements à l'Union soviétique. Pour parfaire son entraînement et pour le payer, ses employeurs soviétiques avaient pris l'habitude de le faire venir à Vienne, en Autriche.

TENTATIVE DE CHANTAGE
Les Soviétiques tendirent un piège à l'ambassadeur de France à Moscou afin de le recruter en le faisant « chanter ». Sans le savoir, il avait engagé à son service un couple d'espions. L'opération fut découverte mais elle ruina quand même la carrière de l'ambassadeur.

Ces diplomates russes magnifiquement habillés sont des « boyards », des aristocrates de l'empire russe.

ESPIONS DES ORIGINES
Depuis les temps anciens, les marchands ont rapporté ce qu'ils ont vu lors de leurs voyages. Envoyés par Moïse pour explorer le pays de Canaan, les fils d'Israël rapportèrent une grappe de raisin, en disant : « C'est vraiment un pays ruisselant de lait et de miel et en voici les fruits ! »

L'Irak mettait au point ce « supercanon » pour atteindre des cibles distantes de plusieurs milliers de kilomètres.

DES ESPIONS INDÉSIRABLES
Dans les années 1980, le MI6 (les services secrets britanniques) encouragea la vente à l'Irak d'armes telles que ce « supercanon ». Les exportateurs rapportaient ainsi des renseignements de la plus haute importance pour le MI6. Cependant, ils enfreignaient la loi interdisant la vente d'armes à l'Irak. Le gouvernement britannique tenta de détourner toutes les accusations en refusant d'admettre qu'il avait autorisé ces ventes… sans succès.

UNE TAUPE À LA CIA
Les agents ennemis qui pénètrent les services de sécurité sont appelés « taupes » car ils creusent profondément et travaillent dans l'ombre. L'Américain d'origine chinoise Larry Wu Tai Chin a travaillé pour la CIA pendant plus de trente-cinq ans, tout en espionnant, pendant toutes ces années, pour le compte de Pékin.

DES ESPIONS À LA COUR
Beaucoup d'espions travaillent « illégalement », qu'ils espionnent pour leur propre pays ou pour un autre. S'ils sont découverts, ils sont jugés et condamnés. Tout au long de l'histoire, commerçants et marchands, comme ceux représentés sur cette gravure sur bois du XVIe siècle, étaient bien placés pour agir « illégalement ». Les diplomates, quant à eux, ont une sorte de « permis d'espionner ». Fonctionnaires, ils représentent leur pays dans ses ambassades, à l'étranger. Certains se servent de leur emploi comme couverture, ou recrutent des espions. Les diplomates espions sont souvent dits « légaux » car s'ils se font prendre, leur statut diplomatique les protège de toute condamnation par le droit international. Mais ils peuvent être expulsés.

Procession de diplomates et de marchands à la cour de l'archiduc d'Autriche Maximilien II

La mallette
du parfait
espion de roman

ÉQUIPEMENTS SECRETS

Le mot « mouchards » se prête parfaitement pour désigner les outils, les gadgets et les armes qu'utilisent les agents clandestins. Grâce à eux, un espion peut écouter une conversation ou photographier une rencontre. D'autres faciliteront une évasion ou dissimuleront les preuves du passage d'un espion aux yeux des plus méfiants. James Bond, le plus célèbre des agents fictifs, nous a familiarisés à ces gadgets. Avant d'accomplir une mission dangereuse, il n'oublie jamais d'aller voir « Q » qui les lui fabrique. Pour le personnage de « Q », Ian Fleming s'est inspiré de Charles Fraser Smith (1904-1992), chargé d'équiper les services secrets britanniques pendant la Seconde Guerre mondiale. D'autres services dans le monde ont bénéficié d'inventions tout aussi ingénieuses, comme celles de Stanley Lovell (1890-1976) aux États-Unis.

En poussant l'une vers l'autre les deux moitiés de l'appareil, on fait avancer le film d'une image et on ferme l'objectif.

Molette de mise au point

APPAREIL PHOTO MINIATURE
Cet appareil de marque Minox, qui tient dans le creux de la main, prend des clichés d'excellente qualité. Le fabriquant allemand de cet appareil le vendait comme un simple modèle de poche, mais les services secrets en ont rapidement compris les avantages et l'ont inclus à leur panoplie de base. Le seul problème tient à la taille minuscule des négatifs qui doivent être agrandis vingt-cinq fois pour être lisibles. A une échelle aussi réduite, un simple grain de poussière peut cacher un mot essentiel.

Stylo-bille écrivant normalement

BOTTE SECRÈTE
Chaussures et bottes sont parfaites pour dissimuler des armes ou des outils. Pendant la Seconde Guerre mondiale, les agents cachaient parfois sous la semelle intérieure de leurs chaussures un couteau ou de l'or, pour acheter des renseignements.

Il suffit de tirer sur la ficelle pour sortir l'objet caché.

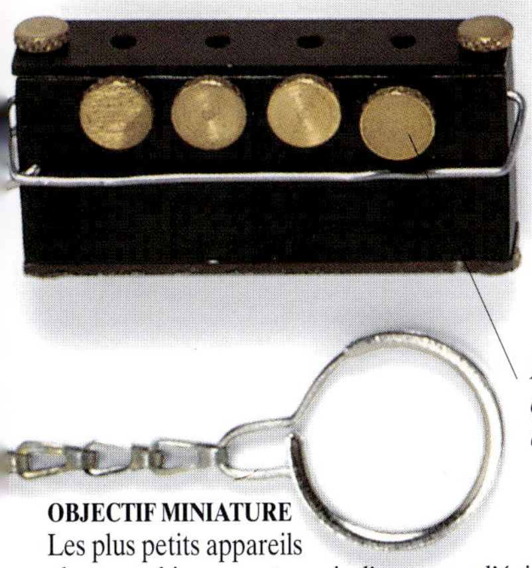

L'exposition devait durer plusieurs minutes, seuls des objets ou des édifices pouvaient être photographiés de cette manière.

Appareil photo pouvant prendre quatre clichés, une fois les trous d'épingle découverts

OBJECTIF MINIATURE

Les plus petits appareils photographiques sont munis d'un « trou d'épingle » faisant office d'objectif. Les agents du KGB utilisaient celui-ci dans les années 1980. Les photos prises par cet appareil ne sont pas floues mais leur netteté reste relative.

Antenne

STYLO INDISCRET

Les circuits de transmission sont désormais si réduits que les espions peuvent loger des micros dans les plus petits objets. Dans une poche ou dans un tiroir de bureau, ce stylo passe inaperçu. Il permet cependant d'écouter à distance toute conversation qui se tient près de lui. Un micro-émetteur minuscule transmet le signal sur de très hautes fréquences radio. Bien que faible, la puissance du signal permet à un complice installé dans une voiture, jusqu'à 500 m de distance, d'écouter les conversations arrivant à son récepteur et de les enregistrer.

Une pile-bouton a assez de puissance pour émettre pendant trente heures.

Un émetteur est dissimulé dans le corps de ce stylo.

COMPARTIMENT SECRET

Tous les espions risquent de se faire capturer, surtout en temps de guerre. Pendant la dernière guerre, les espions cachaient des outils indispensables dans des objets familiers, comme cette brosse à cheveux. Un compartiment secret renferme une lime pour scier d'éventuels barreaux, une carte du territoire occupé par l'ennemi et une boussole.

Le « couvercle » du compartiment secret se soulève en tirant sur les poils de la brosse.

Lime miniature

Boussole

Aiguille

Objets dissimulés dans une brosse à cheveux

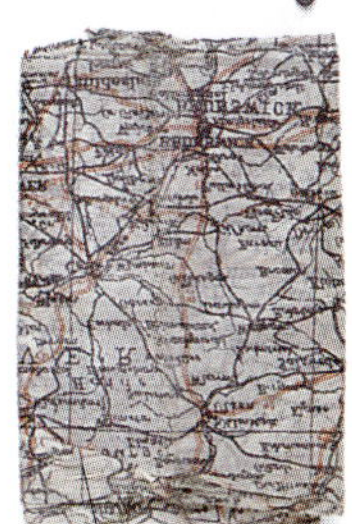

Carte imprimée sur du papier très fin, pouvant se plier en tout petit

Le fond de la brosse est creux.

ENTRÉE LIBRE

La meilleure façon d'entrer dans un endroit fermé, c'est de corrompre un employé qui y travaille, pour qu'il ouvre la porte. Quand cela est impossible, les espions tentent de crocheter la serrure avec des outils de ce genre. Les services secrets utilisent fréquemment le savoir-faire de cambrioleurs à la retraite pour enseigner cet art élémentaire à leurs agents.

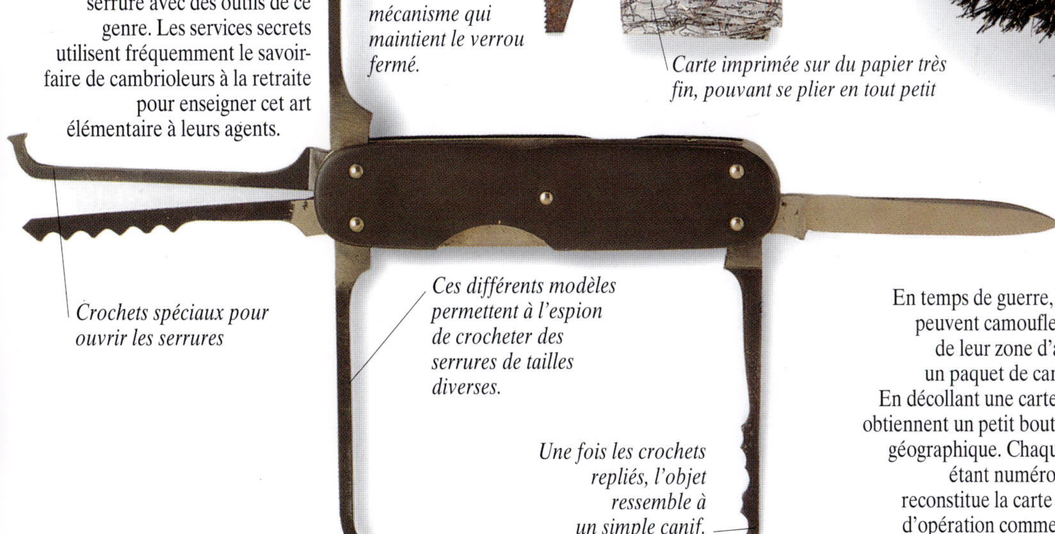

En insérant l'un de ces crochets dans une serrure et en tournant doucement, l'outil soulève le mécanisme qui maintient le verrou fermé.

Crochets spéciaux pour ouvrir les serrures

Ces différents modèles permettent à l'espion de crocheter des serrures de tailles diverses.

Une fois les crochets repliés, l'objet ressemble à un simple canif.

ATOUT

En temps de guerre, les espions peuvent camoufler une carte de leur zone d'action dans un paquet de cartes à jouer. En décollant une carte à jouer, ils obtiennent un petit bout de la carte géographique. Chaque morceau étant numéroté, l'espion reconstitue la carte de son lieu d'opération comme un puzzle.

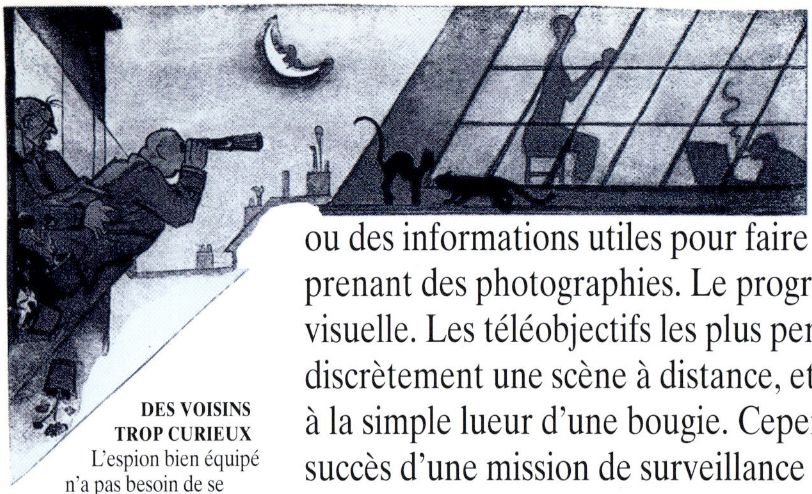

DES VOISINS TROP CURIEUX
L'espion bien équipé n'a pas besoin de se pencher pour mieux voir.

VOIR CE QUI NE SE VOIT PAS

La surveillance visuelle fait partie de l'entraînement de tous les agents. Ils apprennent à rassembler des renseignements ou des informations utiles pour faire chanter leurs ennemis en observant ou en prenant des photographies. Le progrès technique a permis d'améliorer leur acuité visuelle. Les téléobjectifs les plus performants permettent de photographier discrètement une scène à distance, et il est désormais possible de prendre des photos à la simple lueur d'une bougie. Cependant, la précision d'un cliché ne garantit pas le succès d'une mission de surveillance visant à faire chanter quelqu'un. Un peu de sang-froid peut suffire à désamorçer le traditionnel chantage aux photos « compromettantes » (demander des « agrandissements » et signaler l'affaire aux services compétents...).

Agent en train d'utiliser un stylo de vision nocturne

FLAGRANT DÉLIT
Pour prendre des photos dans la pénombre, les espions se servent d'amplificateurs d'image. Ils sont composés d'un tube semblable à ceux qui équipent le matériel de vision nocturne (à droite). Ce type d'appareil rend la photographie possible dans une quasi-obscurité ; l'extrémité incandescente d'une cigarette fournit une lumière suffisante pour photographier un agent copiant des documents ou transmettant des secrets à un complice. Les amplificateurs d'image n'enregistrent pas les couleurs et les espions chargent habituellement leurs appareils avec un film noir et blanc très sensible. Les clichés couleurs (à gauche) revêtent une étrange teinte verdâtre.

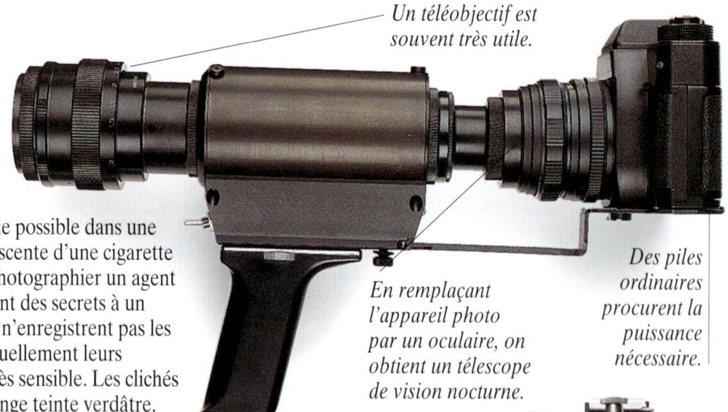

Un téléobjectif est souvent très utile.

En remplaçant l'appareil photo par un oculaire, on obtient un télescope de vision nocturne.

Des piles ordinaires procurent la puissance nécessaire.

Téléobjectif agrandissant l'image six fois plus qu'un téléobjectif ordinaire

Point de fixation de sangle

La « gâchette » commande l'obturateur.

La crosse permet d'ajuster l'appareil pour une meilleure précision des prises de vue quand il est impossible d'utiliser un pied.

Un objectif ordinaire englobe l'ensemble de la rue.

Un téléobjectif puissant surprend le geste de deux personnes au milieu de la foule.

Ces tubes augmentent de 50 000 fois l'intensité de la lumière.

Deux petites piles alimentent les lunettes pendant toute une nuit.

Les oculaires s'ajustent à la vue des espions qui portent des lunettes.

Les sangles sont réglables pour un meilleur confort.

Des lentilles jumelles permettent à l'espion d'estimer la distance.

Les lentilles recréent des images grandeur nature de façon à ne pas déformer la scène.

VOIR DANS LE NOIR

Ces lunettes spéciales permettent aux espions de voir avec très peu de lumière. Dans l'obscurité totale, on oriente sur la scène à observer une lampe à infrarouge qui projette une lumière vive pour celui qui porte ces lunettes, mais invisible pour les autres. La plupart des lunettes infrarouges fonctionnent sur le modèle des tubes formant les images dans les caméras de télévision. Le tube convertit les photons (minuscules paquets de lumière) reçus par l'objectif de l'appareil en électrons (particules chargées d'électricité). Attirés par un écran phosphorescent, les électrons produisent en le heurtant une lueur vive. L'écran reproduit ainsi une image claire de la scène originale.

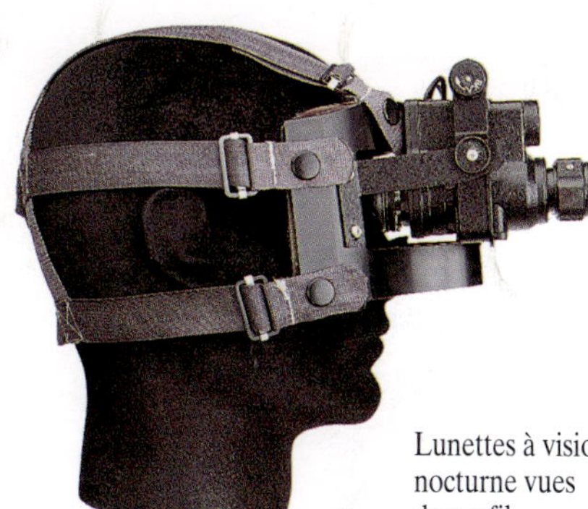

Lunettes à vision nocturne vues de profil

Comme la crosse d'un fusil, l'appareil se cale contre l'épaule.

ŒIL DE LYNX

Le travail de surveillance repose sur des appareils et des objectifs ordinaires que tout photographe qui en a les moyens peut s'offrir légalement. Cependant, ce puissant téléobjectif de 300 mm a été conçu spécialement pour les gardes-frontières et les agents secrets soviétiques. Grâce à lui, ils peuvent espionner une scène de loin et photographier les agents en action.

AVEC DES MIROIRS

Les espions français du XIXe siècle utilisaient ces jumelles d'apparence anodine pour surveiller leurs cibles. L'une des lentilles fonctionne comme celle d'une paire de jumelles ordinaires. L'autre est factice. A l'arrière, un miroir incliné donne une vue parfaite de ce qui se passe sur le côté, alors que l'espion semble regarder devant lui. Ce système est encore utilisé de nos jours : camouflé en pare-soleil fixé à l'objectif, il permet de photographier des sujets se trouvant sur le côté, tandis que l'appareil est orienté vers l'avant.

Lentille réelle

Mise au point

Lentille factice

Cavité renfermant un miroir incliné

LES APPAREILS D'ÉCOUTE

Avant de chuchoter un renseignement à l'oreille d'un autre, tout espion inspecte soigneusement les alentours. Mais les mots murmurés ne sont pas toujours le gage du plus grand secret. En effet les systèmes d'écoute peuvent surprendre des conversations à des distances très éloignées. Les écoutes sont des micros cachés, habituellement reliés à des émetteurs radio, qui peuvent être minuscules. Tout espion réglant un récepteur sur la bonne fréquence entendra tous les sons qui atteignent le micro, même s'il se trouve dans la pièce d'à côté. Les écoutes téléphoniques fonctionnent de la même façon, chaque fois qu'une personne utilise le téléphone « branché ». Grâce aux magnétophones, les écoutes sont faciles à contrôler. L'enregistrement démarre au moindre son et s'arrête automatiquement après quelques instants de silence.

ÉMETTEUR...
Un micro-émetteur ordinaire peut être tout petit. Celui-ci a la taille d'une boîte d'allumettes.

... RÉCEPTEUR
Ce récepteur de poche reçoit les signaux émis par le micro (à gauche) et les relaie à des écouteurs ou à un magnétophone. Vite posé, l'émetteur est assez petit pour être dissimulé derrière un tableau et peut fonctionner pendant environ une journée. Son coût peu élevé permet de l'abandonner sur place afin de ne pas multiplier les risques d'être repéré.

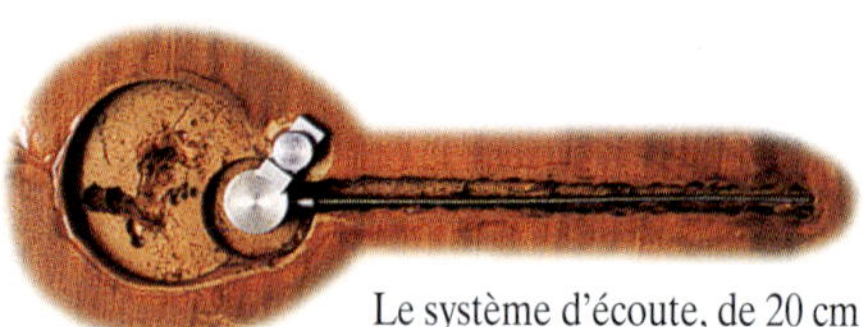

Le système d'écoute, de 20 cm de long, découvert dans le sceau

UN CADEAU EMPOISONNÉ
Offert par l'Union soviétique, ce sceau représentant l'aigle américain ornait les murs de l'ambassade des Etats-Unis à Moscou. En réalité, il renfermait un système d'écoute fort ingénieux. Chaque bruit faisait vibrer un ressort logé à l'intérieur. Dans un immeuble voisin, les espions pouvaient détecter les vibrations et interpréter les paroles des Américains grâce à un radar.

LES ÉCOUTES TÉLÉPHONIQUES
Elles sont généralement plus faciles à construire que des micros, car elles n'obligent pas l'espion à se rendre sur les lieux à surveiller. A moins qu'il n'y ait un standard, il est possible de placer une écoute téléphonique n'importe où entre l'appareil et le central. Dans cet extrait du film *Etroite Surveillance*, Chris Lecce (joué par Richard Dreyfuss) écoute les conversations du témoin principal d'un crime sur lequel il enquête.

La montre-micro de la CIA

QUELLE HEURE EST-IL ?
Cette montre utilisée par la CIA recèle un micro. Celui-ci est normalement invisible, mais en 1977 à Moscou, un agent américain s'est trahi en oubliant de retirer sa montre habituelle.

Prise branchée au magnétophone caché dans les vêtements de l'espion

TÉLÉPHONE SOUS ÉCOUTE
Dans un immeuble de bureaux équipé d'un standard et de nombreuses lignes, un espion aurait à installer des micros sur chaque ligne, puis à écouter tous les enregistrements avant de trouver l'échange téléphonique qui l'intéresse. Cependant, s'il peut s'introduire dans l'immeuble, il existe une solution plus simple : installer un micro dans l'appareil lui-même, comme celui représenté ici. Il peut ensuite écouter directement ou enregistrer les conversations.

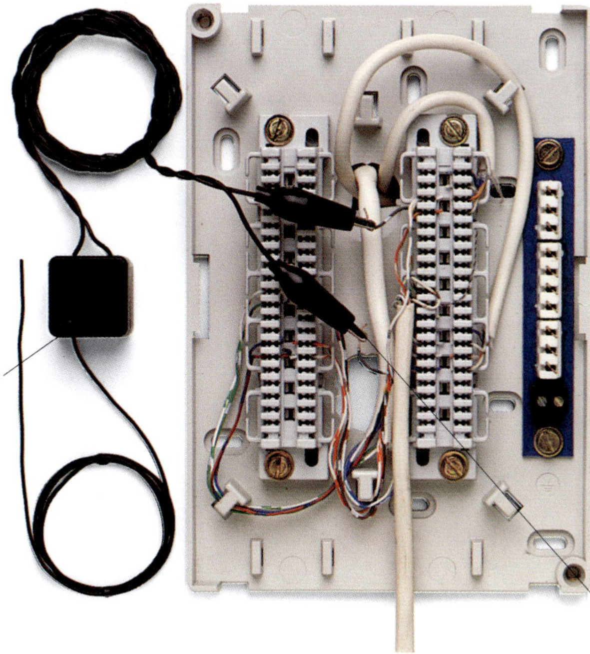

PARLEZ DANS LE MICRO !
Une écoute placée dans le téléphone lui-même a un avantage : la « cible » parle directement dans le micro ! Néanmoins, l'espion n'entend que les conversations téléphoniques et ne peut surprendre ce qui se dit dans la pièce.

ÉCOUTE SANS MICRO
Il est parfois possible de mettre une ligne sur écoute en raccordant simplement des fils électriques aux plombs situés dans la boîte de dérivation, à l'endroit où la ligne téléphonique entre dans l'immeuble.

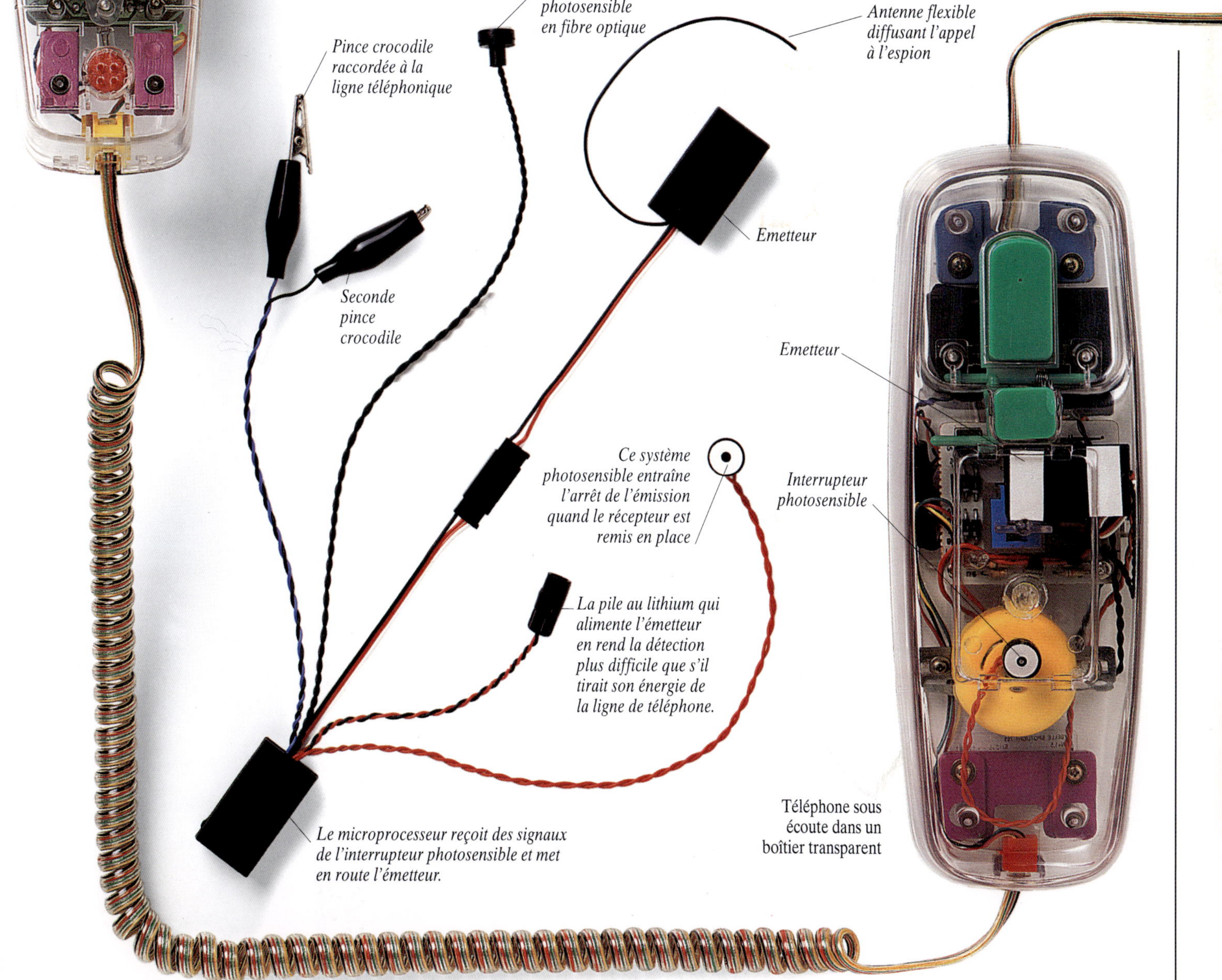

Téléphone sous écoute dans un boîtier transparent

CINQ SUR CINQ

Les micros-émetteurs ont une portée limitée. En ville, un espion doit installer son récepteur à une distance de 100 à 600 m de l'émetteur pour s'assurer une bonne réception. Le « poste d'écoute » (la station réceptrice) peut se trouver dans un immeuble voisin, dans une voiture garée à proximité ou même dans la poche de l'espion. A la campagne, la portée est plus grande, les immeubles ne font pas obstacle aux signaux émis et il y a moins d'interférences avec les autres utilisateurs de radio.

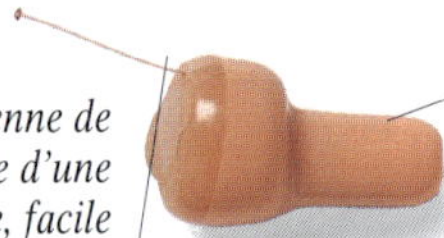

Ecouteur

Antenne de la taille d'une épingle, facile à cacher sous une mèche de cheveux

Boucle d'induction dissimulée sous la chemise

Récepteur pouvant se brancher sur deux émetteurs

UNE OREILLE ATTENTIVE

Avec un fil passé discrètement sous ses vêtements, un agent peut contrôler une écoute sans s'encombrer d'un casque trop volumineux sur la tête. Placé dans l'oreille, ce petit écouteur ressemble à un audiophone. Autour du cou de l'agent, le fil crée une boucle d'induction, c'est-à-dire un champ magnétique qui relaie le signal amplifié reçu par l'émetteur de poche jusqu'à l'oreille.

Les circuits « à la voix » arrêtent l'enregistrement chaque fois que la conversation s'interrompt.

Micro dissimulé dans la manche

CONTRE MESURE

Le signal radio émis par un appareil d'écoute dissimulé sur un agent peut être repéré par des contre-espions équipés d'un système de détection (p. 48-49). Un magnétophone miniature qui n'émet pas de signal radio permet de contourner ce problème.

ENREGISTREMENT

Certains récepteurs ordinaires peuvent intercepter les signaux émis par des micros. Cependant, un équipement conçu spécialement pour l'écoute est souvent mieux adapté et procure une meilleure réception. Ce modèle muni d'une batterie peut être raccordé à un magnétophone portable. Une fois branché sur une ligne téléphonique, il suffit de venir changer régulièrement les cassettes.

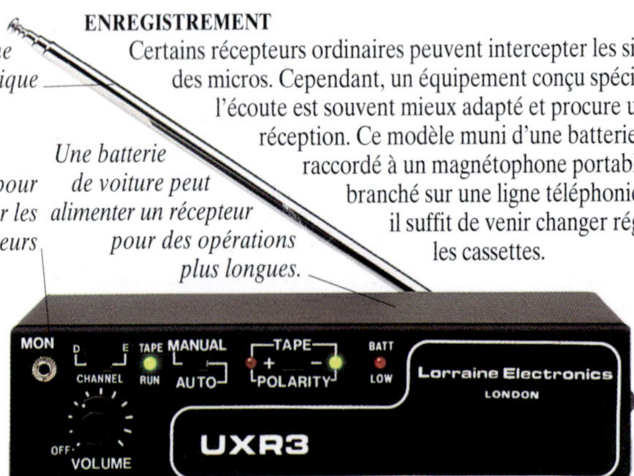

Antenne télescopique

Une batterie de voiture peut alimenter un récepteur pour des opérations plus longues.

Prise pour brancher les écouteurs

Un magnétophone se camoufle facilement dans un attaché-case.

Compartiment pour loger les piles et le système électronique de transmission

Ce stylo contient un émetteur miniature.

Ce petit magnétophone ressemble à un baladeur, mais il a été modifié pour une meilleure qualité sonore.

Cet émetteur de 4 mm d'épaisseur se dissimule aisément derrière une carte de crédit ou entre les pages d'un agenda.

ÉCOUTES LÉGALES

En France, seules sont légales les écoutes judiciaires ordonnées par les juges d'instruction et les écoutes administratives (1180 maximum par an) demandées par les services de police et de renseignement, sous couvert de leur ministère respectif. Ces demandes doivent être autorisées par le Premier ministre. Certains abus récents inquiètent néanmoins le public, ainsi que le développement des écoutes « sauvages » interdites par la loi du 10 juillet 1991. Ci-dessus, le service de sécurité d'une grande société américaine écoute une conversation.

Cette calculatrice de poche fonctionne comme les autres, tout en émettant un signal même quand elle sert à calculer.

MICROS MOBILES

La mise sur écoute d'une réunion est chose courante pour les espions agissant dans le monde politique ou économique. Les industriels peuvent avoir de nombreuses raisons de faire enregistrer des conversations. De tels enregistrements peuvent apporter la preuve d'une concurrence déloyale ou aider à empêcher d'être absorbé par un rival. L'installation d'un micro sur un attaché-case constitue un moyen discret d'enregistrer des propositions de marchés plus ou moins avouables. Ces micros peuvent saisir des échanges se faisant à l'autre bout d'une salle de conférences. La mallette enregistre la conversation ou la transmet à un dispositif d'écoute installé à l'extérieur. En manipulant simultanément la serrure et une tête métallique, on déclenche le système. Un stylo ou une calculatrice munis d'un micro n'attirent pas l'attention et permettent à l'espion de les placer tout près de la personne qui parle.

DRÔLES D'OISEAUX

Les pigeons voyageurs ont toujours joué un rôle important dans l'histoire du renseignement. Chargés de ses précieux secrets, ce coursier aérien de l'espionnage peut voler en territoire ennemi. Jules César (101-44 av. J.-C.), alors général des armées romaines, a utilisé leurs services pour annoncer ses victoires pendant la conquête des Gaules. Depuis lors, les espions n'ont cessé d'apprécier la vitesse de ces volatiles et leur aptitude à regagner leur pigeonnier, par tous les temps. Pendant la Première Guerre mondiale, l'armée française a utilisé 130 000 pigeons pour transporter des messages secrets. Certains étaient envoyés en reconnaissance équipés d'un appareil photo miniature. Lors de la Seconde Guerre mondiale, on a continué à utiliser les pigeons pour repérer les sites de lancement des fusées V1 ou V2 allemandes.

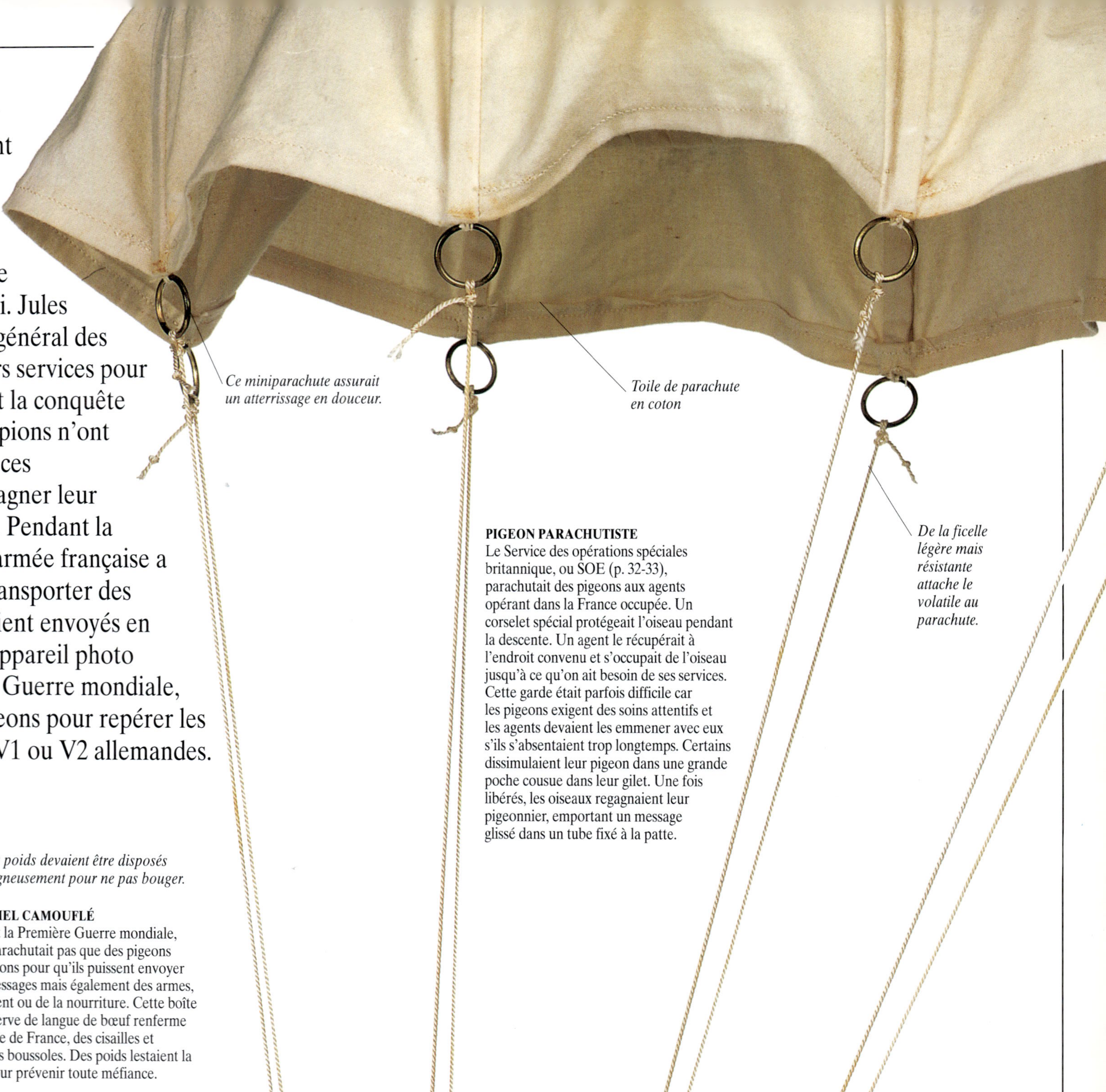

Ce miniparachute assurait un atterrissage en douceur.

Toile de parachute en coton

De la ficelle légère mais résistante attache le volatile au parachute.

PIGEON PARACHUTISTE
Le Service des opérations spéciales britannique, ou SOE (p. 32-33), parachutait des pigeons aux agents opérant dans la France occupée. Un corselet spécial protégeait l'oiseau pendant la descente. Un agent le récupérait à l'endroit convenu et s'occupait de l'oiseau jusqu'à ce qu'on ait besoin de ses services. Cette garde était parfois difficile car les pigeons exigent des soins attentifs et les agents devaient les emmener avec eux s'ils s'absentaient trop longtemps. Certains dissimulaient leur pigeon dans une grande poche cousue dans leur gilet. Une fois libérés, les oiseaux regagnaient leur pigeonnier, emportant un message glissé dans un tube fixé à la patte.

Les poids devaient être disposés soigneusement pour ne pas bouger.

MATÉRIEL CAMOUFLÉ
Pendant la Première Guerre mondiale, on ne parachutait pas que des pigeons aux espions pour qu'ils puissent envoyer leurs messages mais également des armes, de l'argent ou de la nourriture. Cette boîte de conserve de langue de bœuf renferme une carte de France, des cisailles et plusieurs boussoles. Des poids lestaient la boîte pour prévenir toute méfiance.

Ces cisailles pour fils de clôture se plient pour tenir dans une boîte de conserve.

Les boussoles étaient utiles aux espions en fuite.

Carte imprimée sur du papier très fin pour tenir dans une boîte de conserve

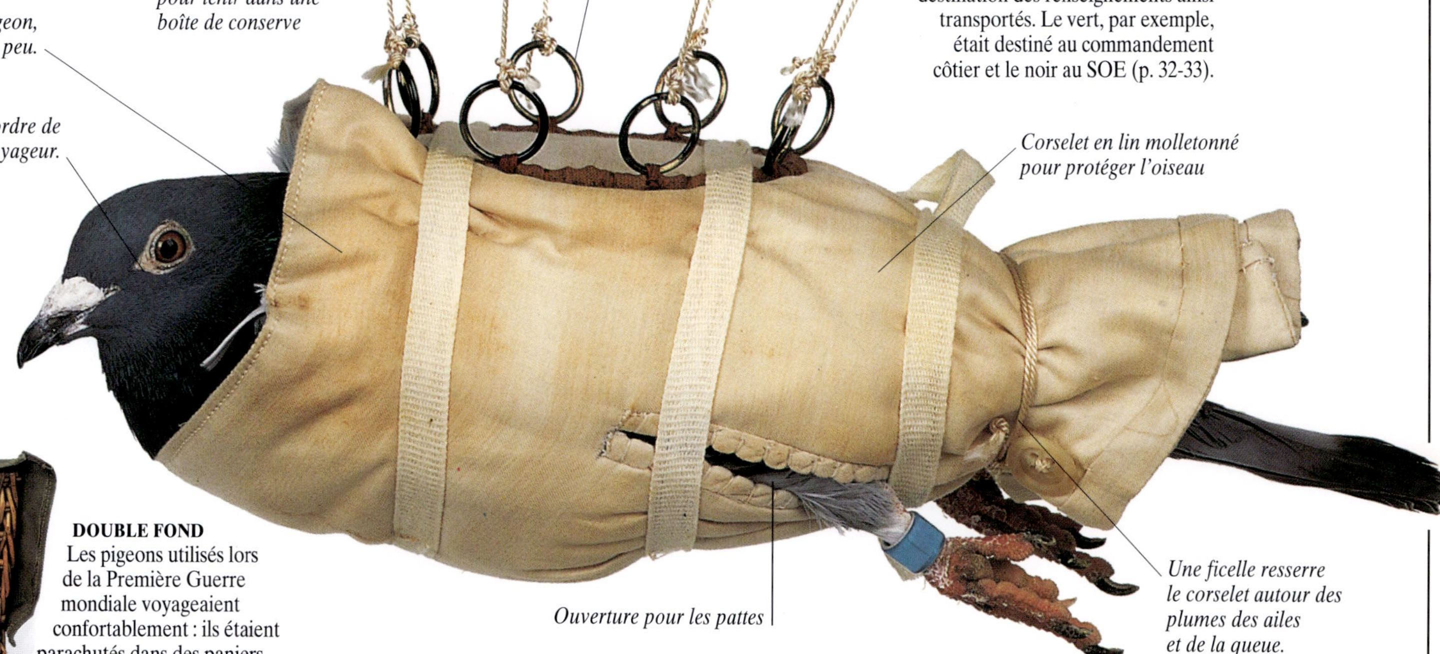

Anneau en métal

Le corselet protégeait le pigeon, même s'il le serrait un peu.

Pendant la dernière guerre, les soldats avaient l'ordre de tirer sur tout oiseau ressemblant à un pigeon voyageur.

Corselet en lin molletonné pour protéger l'oiseau

Une ficelle resserre le corselet autour des plumes des ailes et de la queue.

Ouverture pour les pattes

Message roulé dans un tube

MESSAGE EN TUBE
Les pigeons transportaient les messages roulés dans de petits tubes. Les Français et les Allemands utilisaient des réceptacles en aluminium, pour leur légèreté, tandis que les Anglais préféraient un carton spécial. Différentes couleurs indiquaient la destination des renseignements ainsi transportés. Le vert, par exemple, était destiné au commandement côtier et le noir au SOE (p. 32-33).

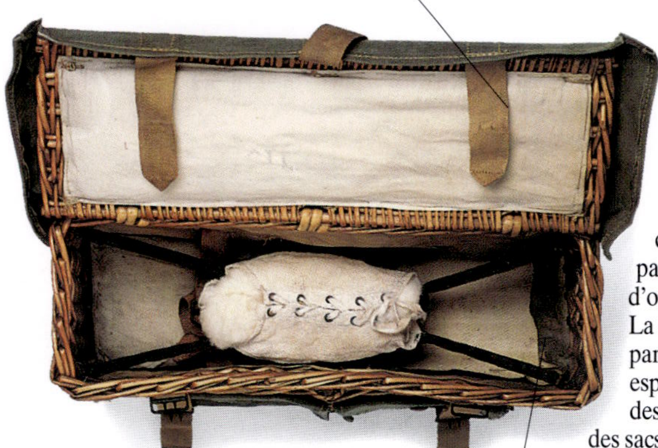

Le couvercle et les bords du panier étaient rembourrés.

Les oiseaux voyageaient dans un corselet rembourré suspendu à un parachute.

DOUBLE FOND
Les pigeons utilisés lors de la Première Guerre mondiale voyageaient confortablement : ils étaient parachutés dans des paniers d'osier à double fond. La conception de ces paniers permettait aux espions à qui ils étaient destinés de les porter comme des sacs à dos. Pendant la Seconde Guerre mondiale, les Américains utilisèrent des paniers similaires pouvant abriter quatre volatiles et de la nourriture.

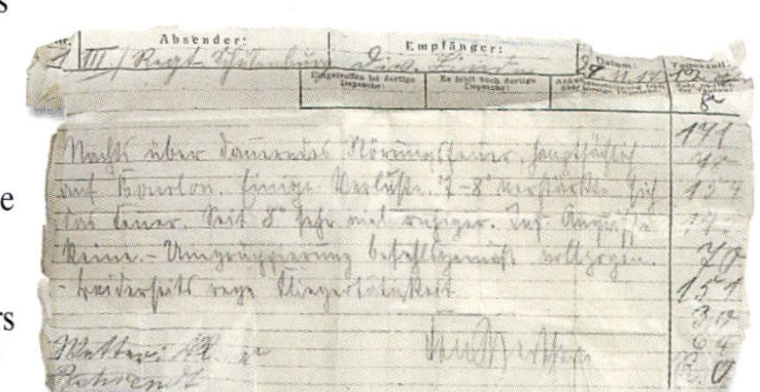

COURRIER SPÉCIAL
Les pigeons ne pouvaient transporter que des charges légères ; par conséquent, les messages devaient être courts. Cette missive en allemand, datant de la Grande Guerre, est inscrite sur un formulaire spécial que l'armée allemande utilisait pour ce type de transport. En microfilmant leurs messages (p. 22-23), les espions pouvaient envoyer beaucoup plus d'informations.

MESSAGES SECRETS

Il faut aux espions des moyens de communication rapides et efficaces. La vitesse est essentielle car les renseignements obtenus ne sont valables que peu de temps, et le secret est indispensable pour protéger à la fois les messages échangés et l'espion. L'invention de la radio, au début de ce siècle, a permis d'accélérer les échanges d'informations, sans toutefois en améliorer la sécurité. Grâce à la radio, les espions peuvent communiquer sur de longues distances presque instantanément. Mais quiconque trouve la bonne fréquence peut intercepter ces messages. Avec deux récepteurs et l'antenne adéquate, les agents du contre-espionnage sont capables de localiser un émetteur en quelques minutes par radiogoniométrie et d'arrêter l'espion.

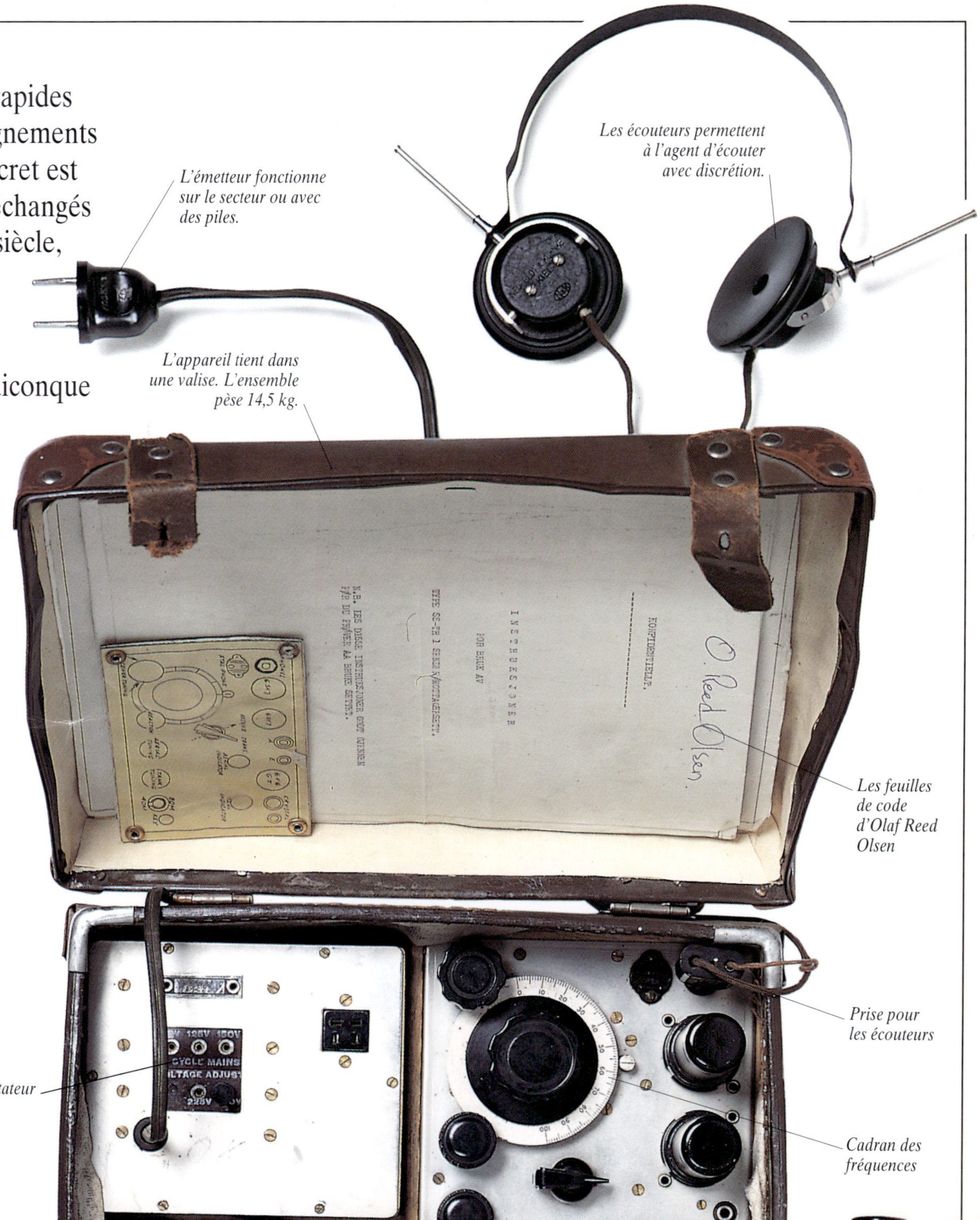

L'émetteur fonctionne sur le secteur ou avec des piles.

Les écouteurs permettent à l'agent d'écouter avec discrétion.

L'appareil tient dans une valise. L'ensemble pèse 14,5 kg.

Les feuilles de code d'Olaf Reed Olsen

Prise pour les écouteurs

Adaptateur

Cadran des fréquences

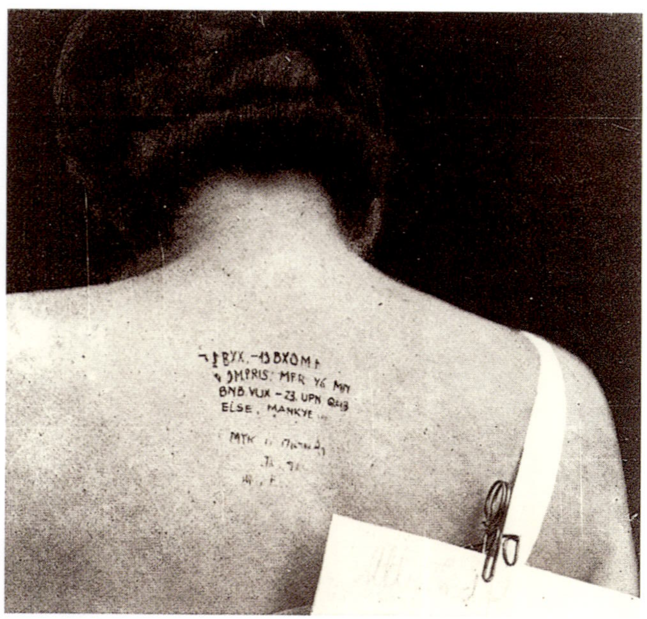

MESSAGES HUMAINS
Les espions prennent parfois de gros risques. Le message que cette Belge devait communiquer pendant la Grande Guerre était inscrit sur son dos à l'encre sympathique (invisible). Malheureusement, la supercherie fut découverte et l'agent exécuté.

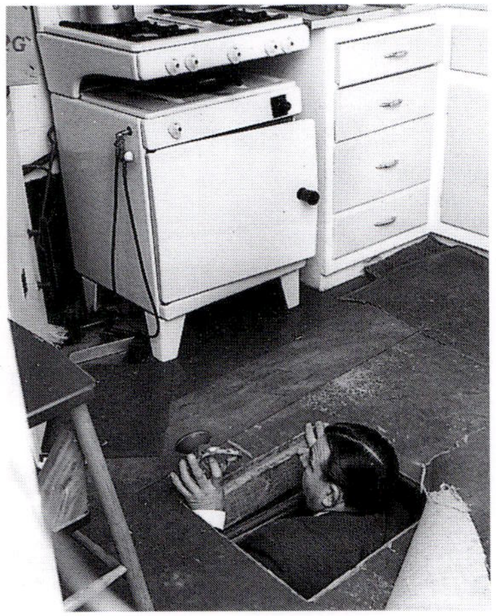

PIÈCE À CONVICTION
Sous le sol de leur cuisine, « Peter et Helen Kroger » dissimulaient un émetteur radio qui leur permettait de communiquer aux Soviétiques des secrets concernant les sous-marins britanniques. De leurs vrais noms Morris et Leontine Cohen, les « Kroger », des Américains, ont été arrêtés en 1961. Le poste radio a servi de pièce à conviction lors de leur procès. Ils s'étaient installés près d'aéroports, en espérant que les émissions radio des avions couvriraient les leurs.

Appareil microphotographique (taille réelle)

MICROFILMS
Les appareils microphotographiques sont simples à fabriquer et suffisamment petits pour être facilement dissimulés. Cependant, l'exposition et le développement du film requièrent la plus grande précision.

MICRO-POINTS
La photographie permet aux agents d'envoyer facilement des messages secrets. En photographiant un document avec un appareil spécial, l'espion obtient une micro-image trois cents fois plus petite que l'original. Ce paragraphe, par exemple, peut être ainsi réduit à une micro-image de la taille d'un point, et dissimulé dans une lettre parfaitement innocente. L'agent qui la reçoit lit chaque mot contenu dans le micro-point à l'aide d'un microscope.

MICRO-POINTS
La photographie permet aux agents d'envoyer facilement des messages secrets. En photographiant un document avec un appareil spécial, l'espion obtient une micro-image trois cents fois plus petite que l'original. Ce paragraphe, par exemple, peut être ainsi réduit à une micro-image de la taille d'un point, et dissimulé dans une lettre parfaitement innocente. L'agent qui la reçoit lit chaque mot contenu dans le micro-point à l'aide d'un microscope.

Ce paragraphe peut être encore réduit à la taille d'un point.

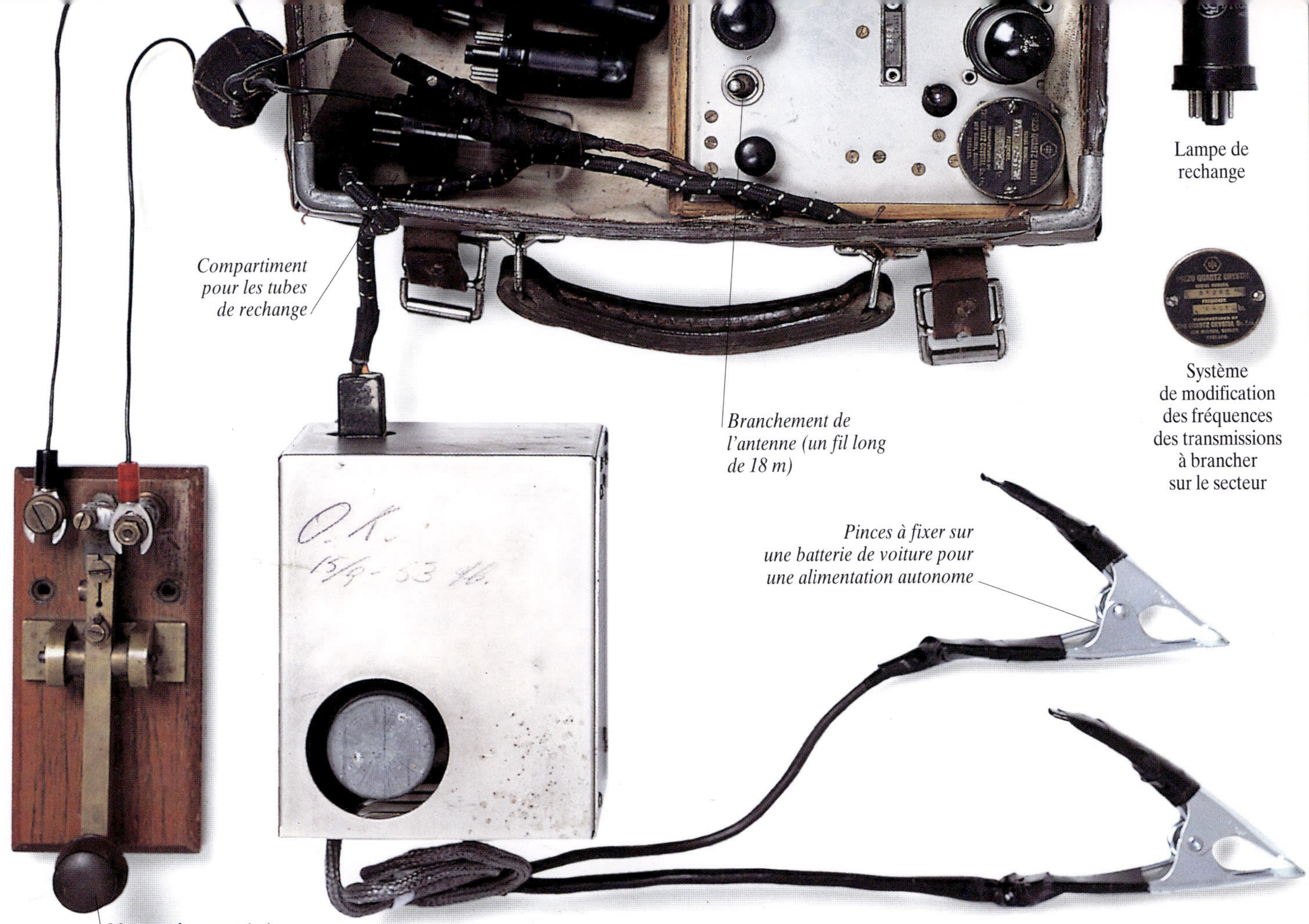

Compartiment pour les tubes de rechange

Branchement de l'antenne (un fil long de 18 m)

Lampe de rechange

Système de modification des fréquences des transmissions à brancher sur le secteur

Pinces à fixer sur une batterie de voiture pour une alimentation autonome

Manette de transmission pour envoyer les messages codés sous forme d'ondes radio courtes ou longues

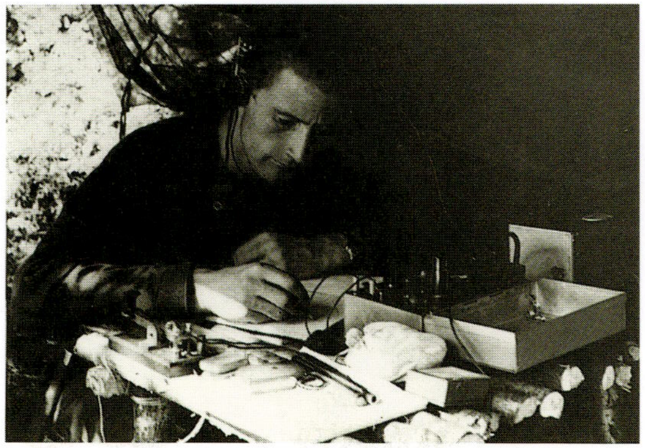

AGENT SECRET NORVÉGIEN
Lors de l'invasion de la Norvège, pays neutre, par les troupes allemandes en 1940, Olaf Reed Olsen quitta son pays à la voile. Parvenu en Grande-Bretagne, il reçut un entraînement d'opérateur radio avant de retourner en Norvège en 1943. Des espions introduits dans la base navale de Kristiansand le tenaient informé des mouvements des navires allemands. Olsen codait les messages et les transmettait en Grande-Bretagne depuis son campement caché dans les arbres, non loin du port de Kristiansand. Il se servait du poste radio que l'on voit ci-dessus. Etabli à partir de séries de nombres pris au hasard, le chiffrage était considéré comme inviolable et seuls Reed Olsen et le service anglais MI6 en détenaient la transcription.

Olaf Reed Olsen au travail dans sa « planque », en 1944

CODES ET CRYPTOSYSTÈMES

Pour communiquer, les agents secrets ont recours à des codes et à des cryptosystèmes pour camoufler leurs messages secrets. En cas de codage, les mots sont remplacés par des lettres, des chiffres ou des symboles. Certains codes sont officiels : le code postal, par exemple, permet à une lettre de parvenir à destination. Les espions peuvent envoyer des messages en morse, un système de traits et de points connu de tous les opérateurs radio. D'autres codes sont particulièrement complexes et difficiles à percer. Les cryptosystèmes reposent sur une clé secrète, qui peut être un nombre, un mot ou même un poème. Tout détenteur de la clé n'a aucun mal à décrypter le message, et à rétablir le texte de départ. Mais sans cette clé, le message est incompréhensible.

DESSIN CODÉ
Les cryptosystèmes n'ont pas toujours besoin d'être compliqués quand il suffit, par exemple, de détourner l'attention. Ce petit dessin de la Première Guerre mondiale épelle le nom d'Ypres, ville de Flandre où se déroula une bataille célèbre, et une date, le 8.

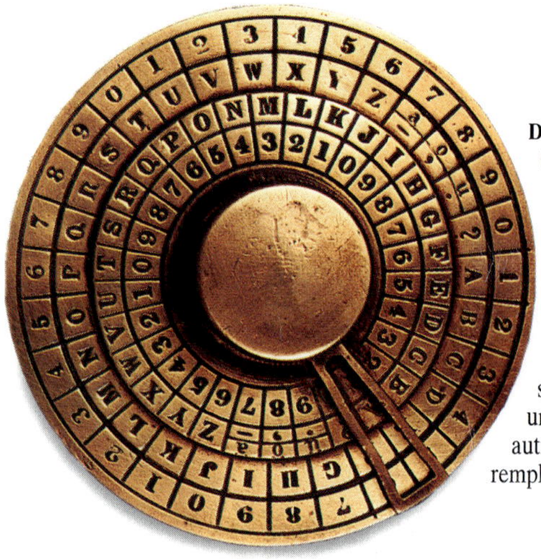

DISQUE DE CODAGE
Ce disque, créé en 1802, mesure moins de 6 cm de diamètre. On fait tourner les deux premiers cercles pour les aligner avec les différents nombres et lettres placés à l'extérieur. C'est un système assez simple, facile à violer, où une lettre en représente une autre ; le « Q » par exemple remplace toujours le « E ».

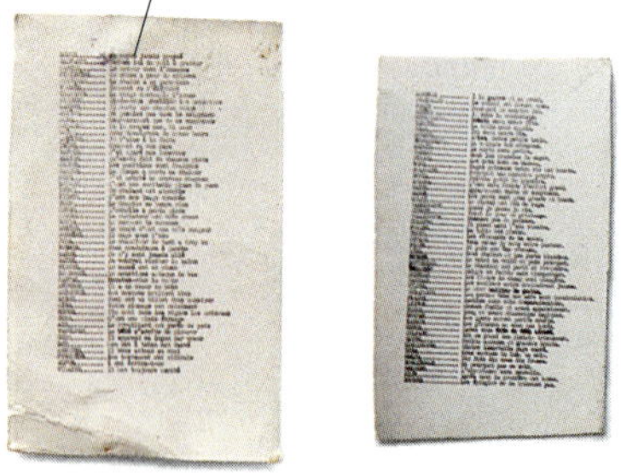

Les minuscules feuilles de code d'Yvonne Cormeau se dissimulaient facilement.

DÉCODAGE
Ces tableaux rendent le codage facile, mais difficile à percer. De taille réduite, ils étaient dissimulés dans le sac à main d'Yvonne Cormeau, opératrice radio du SOE pendant la dernière guerre (p. 32-33). Avec ces tableaux, l'agent pouvait émettre ses messages en morse sans crainte : quand elle utilisait un code pour ses transmissions en morse, une lettre différente remplaçait le « E » chaque fois qu'il apparaissait dans le message.

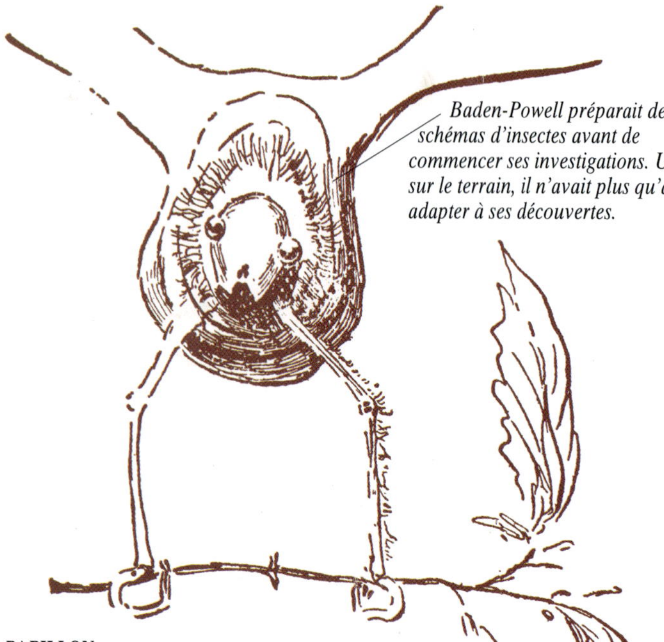

Baden-Powell préparait des schémas d'insectes avant de commencer ses investigations. Une fois sur le terrain, il n'avait plus qu'à les adapter à ses découvertes.

PAPILLON...
Pour accomplir une mission dans le Monténégro, l'espion anglais Robert Baden-Powell (1857-1941) s'était déguisé en collectionneur de papillons. Il est l'auteur de cette esquisse représentant un papillon posé sur une petite branche.

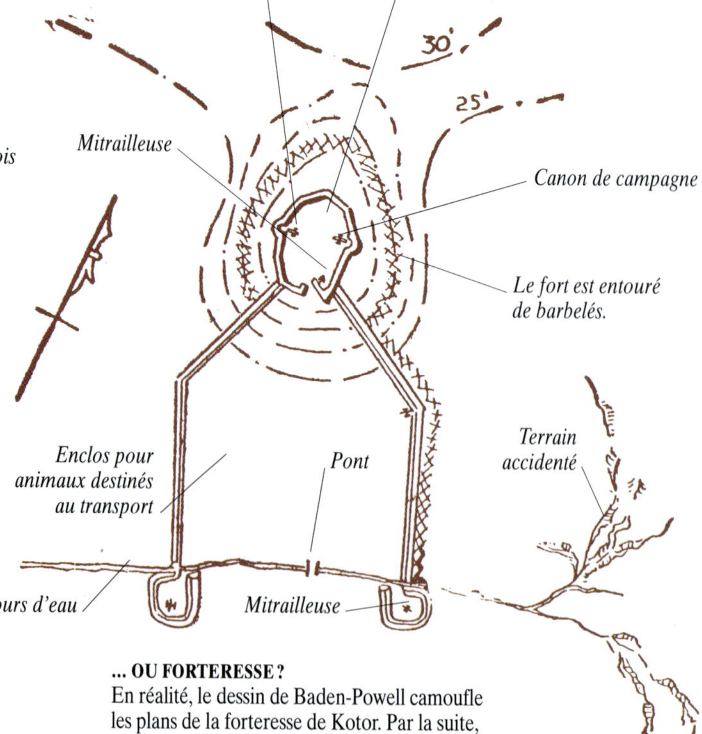

La tête du papillon cache un fort construit sur une butte.

Canon de campagne

Mitrailleuse

Canon de campagne

Le fort est entouré de barbelés.

Enclos pour animaux destinés au transport

Pont

Terrain accidenté

Cours d'eau

Mitrailleuse

... OU FORTERESSE ?
En réalité, le dessin de Baden-Powell camoufle les plans de la forteresse de Kotor. Par la suite, Baden-Powell enseigna les techniques de l'espionnage aux boy-scouts, mouvement qu'il créa en 1908.

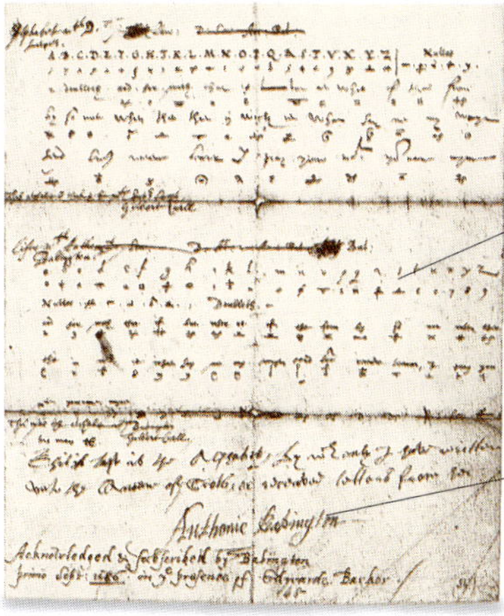

Les chiffres placés entre les symboles représentent des noms de personnes.

Lettre codée signée Anthony Babington, qui prit part à un complot pour assassiner Elisabeth Ire d'Angleterre

CODAGE ROYAL
Marie Stuart (1542-1587), reine d'Écosse et de France, envoyait de sa prison des messages codés à ses partisans (p. 28-29). Pour les déchiffrer, ils savaient qu'un symbole précis représentait toujours la même lettre, ce qui rendait le code facile à décrypter.

MACHINE CODEUSE
Pendant la Deuxième Guerre mondiale, la machine Enigma servit aux soldats (ci-dessus), aux espions et aux diplomates allemands pour coder leurs messages. Les signaux déroutaient même les cryptanalystes qui tentaient de les « casser ». Dès 1938, avec l'aide d'un espion germanique du service cryptographique allemand, les renseignements polonais avaient réussi à déchiffrer environ 75 % des messages de l'Enigma ; en 1939, ils communiquèrent leurs résultats à la Grande-Bretagne et à la France.

Le couvercle abrite des ampoules de rechange.

Les ampoules s'allument derrière les petites vitres, indiquant la lettre codée.

La position des rotors contrôle le codage de chaque lettre.

Les rotors tournent après chaque lettre afin que le code ne se répète jamais.

Touches pour la transmission du message

Le branchement de différentes prises rendait le codage encore plus complexe.

Les différents branchements possibles des rotors et des prises permettaient des millions de combinaisons.

L'ENIGMA
Après quelques branchements et le démarrage de trois ou quatre rotors, l'Enigma codait automatiquement les messages. A chaque pression d'une touche, une lettre s'allumait sur le tableau ci-dessus. Le choix de la lettre codée changeait à chaque fois. Le décodage était effectué par le récepteur Enigma par inversion du processus. En principe, les messages codés par ce moyen étaient impossibles à déchiffrer. Mais avec ce renseignement et une vraie machine Enigma, les services secrets polonais aidèrent les Français et les Britanniques à découvrir la plupart des codes de l'Enigma dans le cadre d'une opération appelée « Ultra », restée secrète jusqu'en 1972, qui a fait faire des pas de géant à l'informatique.

INTERCEPTION ET CASSAGE DE CODES

Les codes permettent de protéger les messages secrets, mais sans en détruire totalement le sens. Comme une charade, le sens du message est enfermé à l'intérieur. Si un ennemi intercepte le message, il fera tout pour en découvrir la clé. C'est dans ce but que les agents de renseignement utilisent les services de spécialistes du décryptage, capables de restituer le sens d'un texte crypté. A partir d'un code de substitution (p. 24-25), le cryptanalyste commence par compter le nombre de lettres. En français, le « E » est la lettre la plus répandue. Par conséquent, si le « W » apparaît souvent dans un message, il remplace probablement le « E ». L'étape suivante consiste à repérer les mots de deux lettres… Ces méthodes, alliées à d'autres, plus complexes, permettent aux spécialistes du décryptage de résoudre les énigmes les plus difficiles, même s'ils y passent parfois beaucoup de temps. L'ordinateur permet de gagner du temps, cependant les spécialistes doivent être extrêmement patients. Il n'y en a pourtant guère qui aient la patience de cet Arabe du XVIIe siècle qui décoda un message adressé au sultan du Maroc. Il mit seize ans pour y parvenir.

LE PERSONNEL DU DÉCRYPTAGE
Pendant la Deuxième Guerre mondiale, le centre de cassage de codes des Britanniques se trouvait à Bletchley Park, près de Londres. Plus de 5 000 employés travaillaient sur environ 2 000 messages codés par jour.

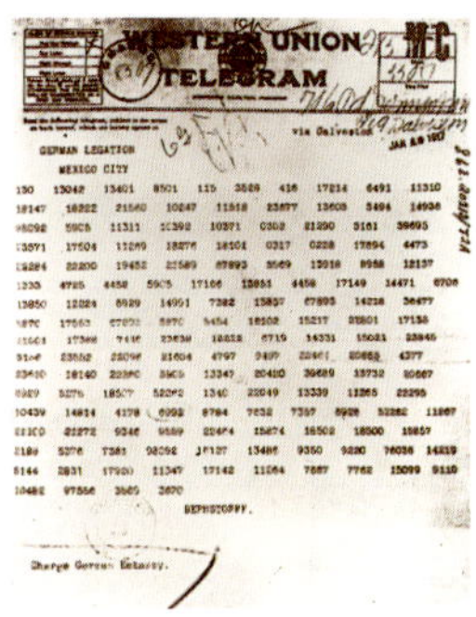

LE TÉLÉGRAMME ZIMMERMANN
Décrypté par les Britanniques en 1916, ce télégramme avait été expédié par les Allemands à leur ambassadeur à Mexico. Il proposait que le Mexique s'allie à l'Allemagne et envahisse trois Etats du sud des Etats-Unis. Ce haut fait de l'espionnage technologique fut sans doute le plus important de la Grande Guerre, entraînant le ralliement des Etats-Unis aux côtés de l'Entente.

Les inventeurs polonais de cette machine la baptisèrent la « bombe glacée », parce qu'ils mangeaient alors des glaces.

Des membres de la Women's Royal Navy étaient aux commandes de la machine.

ORDINATEURS DÉCRYPTEURS
Pour augmenter leur rendement, les spécialistes du centre de décryptage de Bletchley Park utilisèrent un des tout premiers ordinateurs, surnommé la « bombe ». En l'espace de deux heures, une « bombe » essayait toutes les combinaisons possibles de positions des roues codées des machines Enigma utilisées par les Allemands jusqu'en 1938. Par la suite, une autre machine, le « colosse », fut le véritable pionnier de l'ordinateur programmable que nous utilisons aujourd'hui.

La « bombe » s'arrêtait quand elle avait découvert le code recherché.

L'attaque fut lancée de nuit, quand les soldats américains étaient endormis.

Mal préparés, les Américains crurent à un exercice d'entraînement.

L'attaque de Pearl Harbor, le 7 décembre 1941

PEARL HARBOR
Ayant « cassé » le code Pourpre, les experts américains du décryptage avaient annoncé une attaque japonaise pour le 7 décembre 1941, mais sans pouvoir en préciser l'heure ni le lieu. Richard Sorge (p. 34-35) et Dusko Popov (p. 56-57) avaient eux aussi prévu l'attaque. Pourtant les responsables américains décidèrent de ne rien faire, et l'attaque surprit la flotte américaine du Pacifique. A Pearl Harbor, dans les îles Hawaï, périrent 2 300 Américains ; les dommages subis par l'US Navy (la marine américaine) furent considérables et les Etats-Unis entrèrent dans le deuxième conflit mondial.

LA MACHINE POURPRE
A l'instar de l'Enigma (p. 24-25), la machine codeuse des Japonais reposait sur un maximum de combinaisons possibles. Mais les roues codées de l'Enigma étaient ici remplacées par des commutateurs téléphoniques. Une équipe de spécialistes américains, parmi lesquels William Friedman (ci-dessous, à gauche), réussit à « casser » le code Pourpre en fabriquant une réplique du mécanisme utilisé par les Japonais.

AMERICAN COMMISSION TO NEGOTIATE PEACE

PASS No. 92

Permit Bearer YARDLEY, H.O., Capt.

To enter HOTEL CRILLON, 4 PLACE DE LA CONCORDE

Signature of Bearer H.O. Yardley

R. H. VAN DEMAN
Colonel. General Staff
U. S. A.

Le laissez-passer d'Herbert Yardley

UN GÉNIE DU DÉCRYPTAGE
Américain né en Russie, William F. Friedman (1891-1969) a dirigé le service des transmissions et des renseignements de l'armée américaine, qui réussit à « casser » le code Pourpre des Japonais. Il garda ces fonctions pendant les deux guerres mondiales. Dans les années 1920, son épouse décoda les messages des contrebandiers pendant la période de la prohibition de l'alcool aux Etats-Unis.

UN PIONNIER DE LA CRYPTANALYSE
Herbert Osborne Yardley (1889-1958) fut un brillant pionnier du décryptage aux Etats-Unis, dès la Première Guerre mondiale. Il créa la « chambre noire », unité formée au décodage des renseignements étrangers. Le travail qu'il fit dans les années 1920 aida à percer à jour le code Pourpre.

LE « SOLDAT NOYÉ »
En 1943, le corps d'un commandant britannique noyé fut retrouvé sur le rivage espagnol. Les papiers qu'il portait décrivaient des plans d'attaque de la Grèce et de la Sardaigne par les Alliés, où les troupes allemandes se déployèrent aussitôt. En réalité, le « commandant Martin » était un civil décédé des suites d'une pneumonie. Les responsables des services secrets avaient largué le corps d'un sous-marin au large des côtes espagnoles. Les Allemands tombèrent dans le piège et ne laissèrent que quelques hommes en Sicile, la cible véritable des Alliés.

Des talons de places de théâtre rendaient l'histoire du « commandant » encore plus crédible.

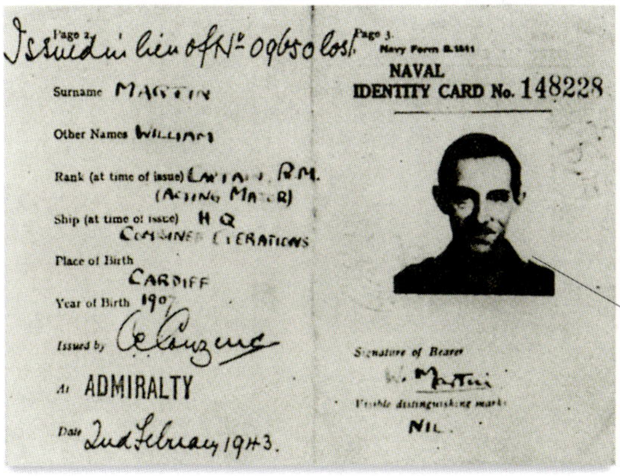

Issued in lieu of No 09650 lost.

NAVAL IDENTITY CARD No. 148228

Surname MARTIN
Other Names WILLIAM
Rank (at time of issue) CAPTAIN, RM. (ACTING MAJOR)
Ship (at time of issue) HQ COMBINED OPERATIONS
Place of Birth CARDIFF
Year of Birth 1907
Issued by
At ADMIRALTY
Date 2nd February 1943.

Signature of Bearer W. Martin
Visible distinguishing marks NIL.

La fausse carte d'identité du « commandant Martin », forgée par les agents du renseignement

La photographie d'une personne bien vivante qui ressemblait au « commandant Martin »

BAGUE SPÉCIALE
Le micropoint (p. 20-21) réduit un document à la taille d'un point. Pendant la dernière guerre mondiale, les agents britanniques pouvaient les cacher dans cette bague au chaton creux.

CAMOUFLAGE

On imagine l'agent secret d'autrefois revêtu d'une cape et armé d'un poignard. La cape, symbole du secret et de la dissimulation et le poignard, de l'assassin. Les espions pouvaient en effet dissimuler facilement leur identité sous une cape. Certains, cependant, avaient des costumes plus recherchés, comme le chevalier d'Éon, agent de Louis XV, qui se déguisa en femme pendant des années. Pour l'espion d'aujourd'hui, le déguisement reste obligatoire mais de façon plus subtile. Il permet de passer inaperçu dans la foule. De la même manière, les objets les plus anodins abritent le matériel. Ainsi, un message secret dissimulé parmi divers instruments de travail n'en sera que mieux protégé, même lors d'une inspection approfondie. En miniaturisant ces messages, les agents peuvent même les loger dans de petits objets qui éveilleront d'autant moins l'attention. Mais un espion déterminé n'hésite pas, s'il le faut, à cacher des « paquets » plus encombrants.

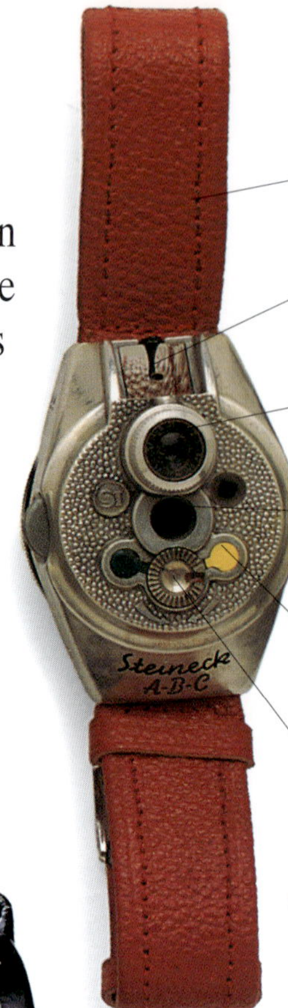

UN SOURIRE, S'IL VOUS PLAÎT !
Les appareils photos camouflés dans un livre, un chapeau ou une cravate sont apparus dans les années 1880. Dès 1893, les espions pouvaient réaliser des clichés avec des appareils ayant l'aspect d'une montre de gousset. Celui-ci, sous l'apparence d'une montre-bracelet, date de 1948. Il peut prendre 8 photos, chacune de la taille d'un confetti, sur un film en forme de disque de 25 mm de diamètre.

TONNEAUX DE BIÈRE
Prisonnière de la reine d'Angleterre Elisabeth Ire, Marie Stuart, reine des Ecossais (1542-1587), envoyait des messages à ses partisans dans des tonneaux de bière. Elle enveloppait les documents dans un sac étanche, sans doute une vessie d'animal, qu'elle glissait par la bonde du tonneau. La réponse suivait le même trajet, dans l'autre sens. Elle fut trahie par son « messager », un agent double (p. 34-35) du nom de Gilbert Gifford.

Marie Stuart, reine d'Ecosse

BOÎTE AUX LETTRES
De nombreux espions déposent leurs messages dans des cachettes, dites « boîtes aux lettres mortes ». Laisser un message dans ces piquets est moins risqué que de donner un rendez-vous.

PILES COMPRISES
Cette cachette ingénieuse ressemble à une pile ordinaire et fonctionne comme telle – une pile plus petite est cachée à l'intérieur. A la base, un compartiment secret a été aménagé.

Dukes devenu le camarade Piotrovsky

Dukes en intellectuel à la santé fragile

Dukes en ouvrier barbu

Dukes en malade épileptique

AGENT ST 25
Paul Dukes, chef des renseignements britanniques en Russie, était un spécialiste du déguisement. Il se trouvait à Moscou quand la révolution de 1917 porta les communistes au pouvoir. Traqué, Dukes se fit passer pour le camarade Piotrovsky, officier de la Tchéka, l'ancêtre du KGB. Pour les Anglais, il restait l'agent ST 25.

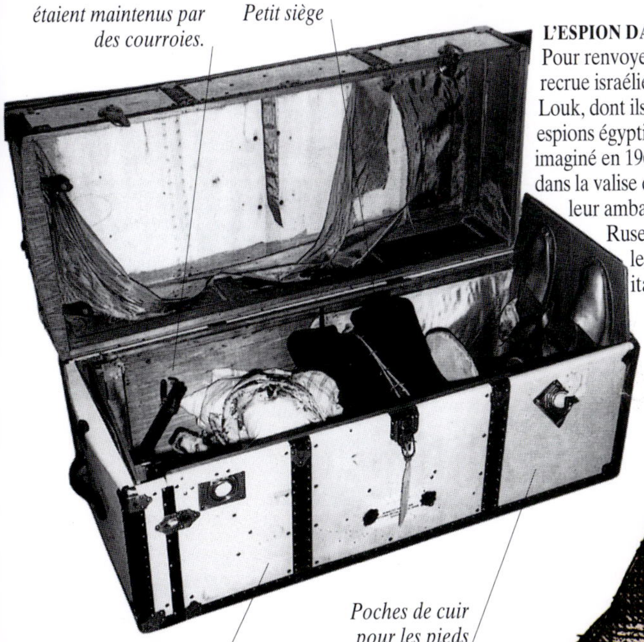

Le cou et les chevilles étaient maintenus par des courroies.

Petit siège

Poches de cuir pour les pieds

La malle ne mesurait que 1,37 m de long

L'ESPION DANS LA MALLE
Pour renvoyer vers Le Caire leur recrue israélienne Mordekai Louk, dont ils se méfiaient, les espions égyptiens en Italie ont imaginé en 1964 de le cacher… dans la valise diplomatique de leur ambassade à Rome ! Ruse découverte par les douaniers italiens.

Gravure d'époque du chevalier d'Eon

Les gens allaient jusqu'à parier sur le sexe véritable du chevalier d'Eon.

DRÔLE DE DAME
Le chevalier d'Eon (1728-1810) était un habile escrimeur et un juriste averti. Il commença en 1756, comme espion du roi Louis XV, en femme timide à la cour de Russie pour gagner la confiance de l'impératrice Elisabeth. Eon travailla aussi comme agent double pour les Anglais. Ambassadeur à Londres, il porta des habits féminins jusqu'à la fin de sa vie et plus d'un fut surpris d'apprendre son véritable sexe.

LES ESPIONS EN TEMPS DE GUERRE

Les armées en campagne dépendent de l'habileté des soldats chargés d'étudier le terrain et d'estimer les forces de l'ennemi. Tous ne sont pas de véritables espions, mais des éclaireurs opérant au grand jour et portant l'uniforme de leur armée. S'ils sont découverts, ils passent le reste de la guerre en prison. Une couverture est donc nécessaire pour éviter de se faire prendre et pour rassembler discrètement les informations recherchées. Ainsi, toute personne capturée en territoire ennemi vêtue en civil sera jugée en tant qu'espion, et la sentence, généralement la mort, est immédiate. Malgré ce risque, les espions sont de tous les conflits. Au XVIIIe siècle, le roi de Prusse Frédéric le Grand se vantait d'en avoir beaucoup. À propos d'un général français, il déclara : « Une centaine de cuisiniers le suivent, mais moi, c'est une centaine d'espions qui me précèdent ! »

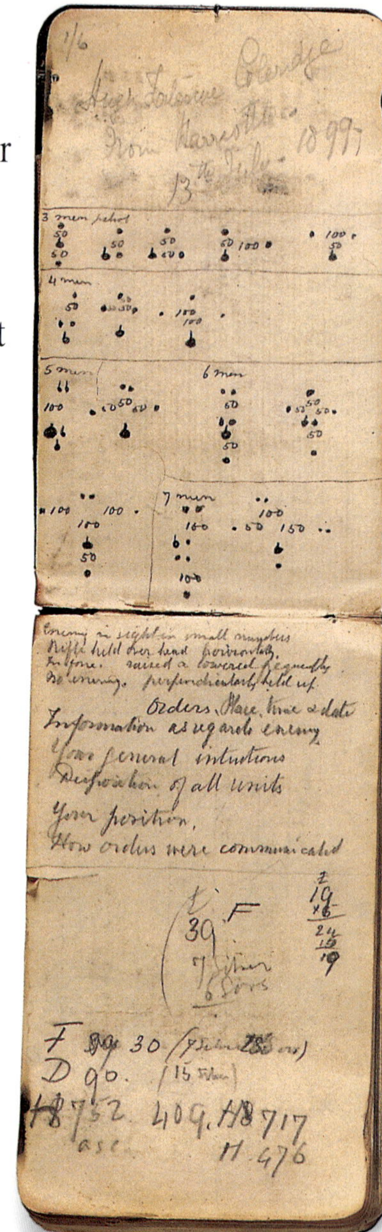

Le journal du commandant Coleridge, 13 juillet 1899

LES BELLES AMÉRICAINES
De nombreuses femmes travaillèrent comme espionnes pendant la guerre de Sécession (1864-1865). Belle Boyd (1843-1900) devint l'un des plus célèbres agents sudistes. Elle collectait les secrets révélés par les officiers nordistes qui logeaient chez elle, en Virginie ; elle n'hésitait pas alors à traverser les champs de bataille pour les rapporter aux confédérés. Arrêtée, elle fut échangée contre des prisonniers et fut accueillie en héroïne à son retour dans le Sud.

LA MORT D'UN ESPION
Le commandant britannique John André (1750-1780) fut pendu pour espionnage pendant la guerre de l'Indépendance des Etats-Unis (1775-1782). Benedict Arnold (1741-1801), le commandant américain du fort de West Point, qui gardait la vallée de l'Hudson, avait décidé de trahir. Il remit à André les détails de ses plans pour qu'il les transmette aux Anglais. Mais le bateau qui devait ramener l'espion n'était pas au rendez-vous. Habillé en civil, André tomba aux mains d'une milice américaine qui découvrit les documents secrets dans ses bottes. Il fut pendu en 1780.

Pinkerton's National Detective Agency
"We never sleep."

UN DÉTECTIVE DANS LA TOURMENTE
Alors que la guerre de Sécession divisait les Etats-Unis, le président Abraham Lincoln fit appel à un détective privé pour rassembler les renseignements nécessaires à l'armée nordiste. Il choisit tout naturellement Allan Pinkerton (1819-1884), un Ecossais qui dirigeait une agence de renom et avait déjoué une tentative d'assassinat du président. Malheureusement, Pinkerton n'était pas un spécialiste de la guerre, et ses agents agirent avec maladresse et même lâcheté. Il dut démissionner en 1862.

Balle creuse dans laquelle le commandant Coleridge cachait ses messages.

CONTRE LES BOERS

En Afrique du Sud, pendant la guerre des Boers (1899-1902), les Britanniques luttèrent contre les Afrikaners, ou Boers (paysans), descendants des colons néerlandais, pour garder le contrôle des fermes et des mines d'or. Le commandant H. F. Coleridge espionnait pour le compte des Britanniques. Son journal (à gauche) contient tous les détails des défenses mises en place par les Boers. Mais les renseignements britanniques n'avaient pas compris l'importance de son travail, et il devait quémander des financements lui permettant de continuer sa tâche (ci-dessous).

ESPIONNAGE ET CARICATURE

Au cours de la Première Guerre mondiale (1914-1918), les espions travaillaient loin du front, dans des pays neutres, comme la Suisse et la Hollande. Néanmoins, la crainte qu'ils suscitaient et leurs exploits inspirèrent bien des dessinateurs. Ci-dessus, des soldats français emmènent un agent allemand.

En 1900, Coleridge envoya ce message pour réclamer de l'argent.

Le 17 septembre 1862, 12 000 soldats fédéraux périrent à la bataille d'Antietam-Creeck, à cause du mauvais travail des renseignements. Pinkerton (à droite sur la photographie) dut démissionner.

Lincoln (au centre) congédia également le général McClellan.

Née française, Violette Szabo était le meilleur tireur du SOE britannique.

ARME AU POING

Quand Violette Szabo rejoignit les services spéciaux britanniques, pendant la Seconde Guerre mondiale (1939-1945), elle était surtout douée pour une chose : le maniement des armes à feu (les stands de tir londoniens lui avaient interdit leur accès, car elle ne ratait jamais son coup). Elle entra dans les services secrets pour venger la mort de son mari, Etienne (ci-dessus), mort au combat en Afrique du Nord. Son courage et sa détermination firent l'admiration de tous. Arrêtée en France lors de sa seconde mission pour le SOE, à la suite d'un échange de coups de feu pendant qu'elle sabotait des lignes télégraphiques, Violette Szabo fut exécutée dans un camp de concentration allemand.

TROP BEAU POUR ÊTRE VRAI

Le meilleur agent de la dernière guerre fut sans doute le fameux « Cicéron », qui travaillait pour les Allemands. Albanais, de son vrai nom Elyesa Bazna, il était employé comme valet de chambre à l'ambassade britannique en Turquie. Ayant réussi à ouvrir le coffre-fort de l'ambassade, il photographia tous les codes secrets, les listes d'espions britanniques et des plans du débarquement allié en Europe. Mais les dirigeants allemands refusèrent de croire à l'authenticité de ces documents ultra-secrets. Ils payèrent très cher les services de Cicéron… mais en faux billets.

« COUVERTURES »

Grâce à son costume de bonne d'enfants, « Annette » passait sans encombre les barrages routiers dans le sud-ouest de la France en guerre. Annette, qui n'était autre que l'opératrice radio Yvonne Cormeau, déclinait bien sa fausse identité et réussit, pendant un an, à échapper à toute capture et à transmettre plus de quatre cents messages codés. Pendant la Seconde Guerre mondiale, la vie de nombreux agents secrets dépendait de leur « couverture », ces passés inventés pour cacher leur véritable identité. En Grande-Bretagne, le SOE était chargé de leur entraînement et de leur créer une fausse identité qu'ils apprenaient par cœur.

PILULE AMÈRE
Les agents du SOE avaient tous sur eux une pilule empoisonnée, causant la mort en cinq secondes. Aucun ne l'a l'utilisée.

AUTODÉFENSE
Les hommes et les femmes du SOE apprenaient à tuer sans bruit. Tous portaient un couteau, en cas de nécessité.

CADEAU D'ADIEU
Avant de partir en mission, chaque agent recevait un cadeau d'une certaine valeur, comme cet étui à cigarettes en argent. Ce présent pouvait servir à acheter un fonctionnaire corrompu.

L'HEURE, C'EST L'HEURE
Un retard signale souvent un danger et tout agent prudent n'attendait jamais plus de cinq minutes à un rendez-vous.

CARTES
Pour préparer un sabotage, les agents utilisaient des cartes de la région. Une carte sur soie (ci-dessus) se plie et ne prend pas de place.

MORSE MINIATURE
Une manette de morse, assez petite pour être cachée dans un sac à main.

LONGUEUR D'ONDE
Yvonne Cormeau transportait différents quartz qu'elle changeait pour établir la bonne longueur d'onde.

SAC À MAIN
Un compartiment secret ménagé dans son sac à main, entre le cuir et la doublure, permettait à Yvonne Cormeau de dissimuler ses feuilles de code et ses horaires d'émission.

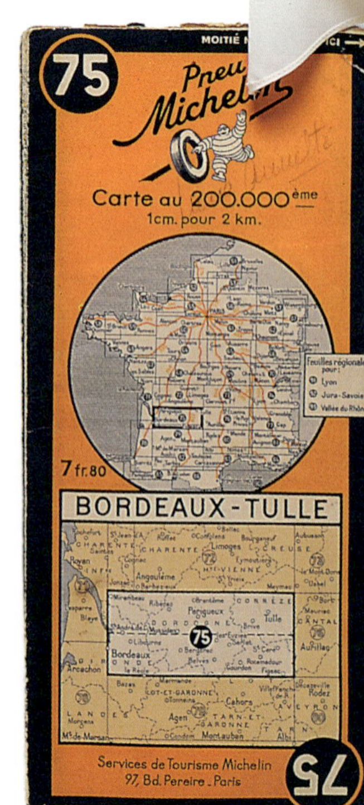

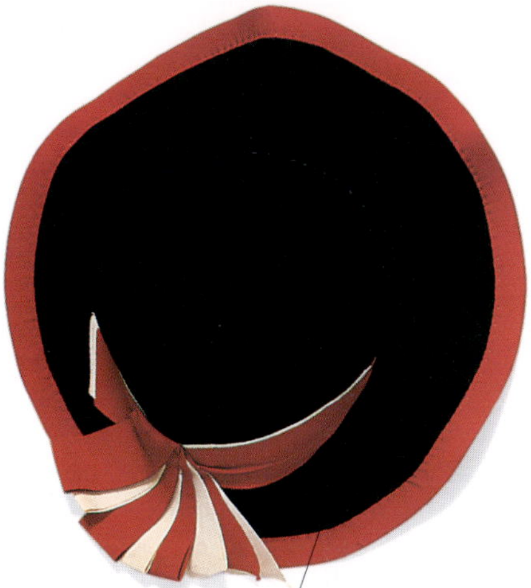

Le moindre détail vestimentaire servait à crédibiliser une fausse identité. Un agent qui se faisait passer pour une employée devait porter un chapeau simple et bon marché comme celui-ci.

Les vêtements devaient être coupés selon la mode française des années 1940.

Le SOE prenait soin d'enlever toutes les étiquettes en anglais avant d'envoyer un agent en territoire ennemi.

La robe d'Yvonne Cormeau était en coton léger.

Le porte-documents en cuir usagé d'Yvonne Cormeau

Le porte-documents va avec l'identité d'infirmière à domicile.

YVONNE CORMEAU, OPÉRATRICE RADIO DU SOE
Plusieurs de ces objets ont appartenu à Yvonne Cormeau, l'agent du SOE qui travaillait sous le nom d'Annette. Parachutée en France dans la nuit du 22 au 23 août 1943, elle était opératrice radio. Sa grande prudence l'aida à ne jamais être prise jusqu'au débarquement allié de 1944. Ayant un jour reconnu un autre agent dans un train, elle résista au désir de lui parler, ayant appris pendant sa formation que, s'il était surveillé, ils risquaient de se faire prendre tous les deux. D'autre part, Yvonne Cormeau savait quand le risque valait la peine d'être pris. Si la plupart des opérateurs radio émettaient chaque jour d'un endroit différent pour ne pas être repérés, elle se sentait assez sûre d'elle pour émettre dans la même maison pendant six mois d'affilée. De sa fenêtre, elle pouvait surveiller l'approche des camionnettes de détection à 5 km à la ronde.

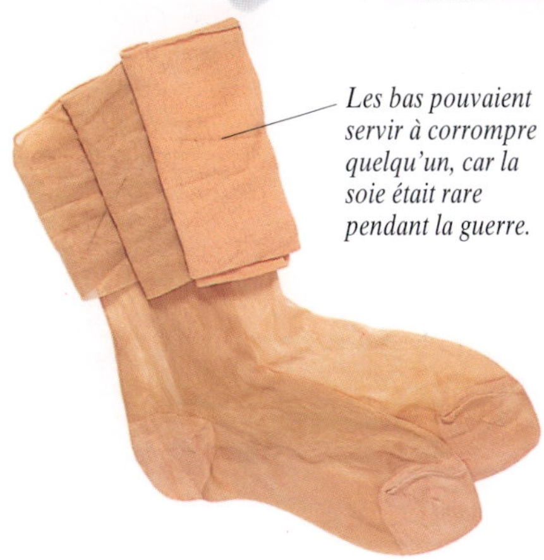

Les bas pouvaient servir à corrompre quelqu'un, car la soie était rare pendant la guerre.

Chaussures en daim

AGENTS DOUBLES ET TRANSFUGES

Les agents doubles sont en réalité des « agents de l'ennemi contrôlés ». Ils ne sont pas vraiment au service de deux maîtres : ils agissent au profit de l'un, et trompent l'autre en faisant croire qu'ils travaillent pour lui, afin de lui dérober un maximum de secrets. Le métier d'agent double est particulièrement dangereux. Il faut, pour réussir, gagner la confiance d'un service de renseignement, tout en ayant l'intention de tromper cette confiance. S'il est pris, l'agent double n'a aucune pitié à espérer. Ces agents peuvent être volontaires, mais il peut aussi s'agir d'espions démasqués par un service de contre-espionnage et contraints à travailler pour lui plutôt que d'être poursuivis en justice. Ce genre de recrue est particulièrement précieuse. Leurs nouveaux patrons leur confient des informations fausses mais crédibles qu'ils transmettent pour semer ainsi le doute et la confusion. Les espions qui choisissent de fuir vers le pays qui était auparavant la cible de leurs activités sont appelés des « transfuges ».

« IN MEMORIAM »
Pendant la Deuxième Guerre mondiale, Richard Sorge (1895-1944) avait tout de l'Allemand patriote et du nazi fanatique. Conseiller politique de l'ambassadeur d'Allemagne en URSS, il passait en fait des renseignements à ce pays en guerre contre le sien. Des timbres soviétiques à son effigie rendent hommage au « héros ».

CONDAMNÉ À MORT
Agent soviétique d'origine allemande, Richard Sorge, démasqué par le contre-espionnage japonais, a été exécuté en 1944.

Aldrich et Rosario Ames après leur procès séparé

NOTRE AGENT À LA CIA
Pendant neuf ans, Aldrich Ames (né en 1941) a espionné au profit des Soviétiques, alors qu'il était un officier en vue au sein de la CIA. Avec son épouse Rosario, il a fourni maints renseignements concernant les espions des services américains, permettant à Moscou de mettre en place un réseau d'agents doubles qui trompaient la CIA. Le couple de traîtres était payé à prix d'or par les Soviétiques.

LES DAMNÉS
Le général chinois Sun Tzu est l'un des premiers à avoir écrit sur les agents doubles. Il fait allusion aux « espions damnés […] qui reçoivent de fausses informations qu'ils sont chargés de transmettre à l'ennemi ». Son ouvrage, l'*Art de la guerre*, remonte au IVe siècle av. J.-C.

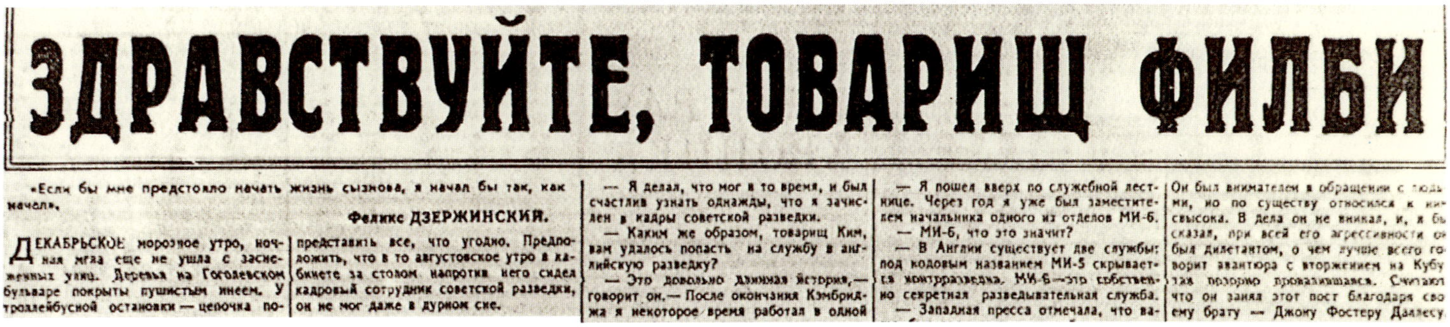

ЗДРАВСТВУЙТЕ, ТОВАРИЩ ФИЛБИ

«Если бы мне предстояло начать жизнь сызнова, я начал бы так, как начал».

Феликс ДЗЕРЖИНСКИЙ.

ДЕКАБРЬСКОЕ морозное утро, ночная мгла еще не ушла с заснеженных улиц. Деревья на Гоголевском бульваре покрыты пушистым инеем. У троллейбусной остановки — цепочка по- представить все, что угодно. Предположить, что в то августовское утро в кабинете за столом напротив него сидел кадровый сотрудник советской разведки, он не мог даже в дурном сне.

— Я делал, что мог в то время, и был счастлив узнать однажды, что я зачислен в кадры советской разведки.

— Каким же образом, товарищ Ким, вам удалось попасть на службу в английскую разведку?

— Это довольно длинная история, — говорит он. — После окончания Кэмбриджа я некоторое время работал в одной

— Я пошел вверх по служебной лестнице. Через год я уже был заместителем начальника одного из отделов МИ-6.

— МИ-6, что это значит?

— В Англии существует две службы: под кодовым названием МИ-5 скрывается контрразведка, МИ-6 — это собственно секретная разведывательная служба.

— Западная пресса отмечала, что ва-

Он был внимателен в обращении с людьми, но по существу относился к ним свысока. В дела он не вникал, и, я бы сказал, при всей его агрессивности он был дилетантом, о чем лучше всего говорит авантюра с вторжением на Кубу так позорно провалившаяся. Считали что он занял этот пост благодаря своему брату — Джону Фостеру Даллесу.

CAMARADE PHILBY
Philby s'enfuit à Moscou depuis Beyrouth où il travaillait officiellement comme journaliste. Il fut accueilli en héros par les journaux soviétiques qui titrèrent : « Bienvenue, camarade Philby. »

AGENT DOUBLE PENDANT LA GUERRE FROIDE
Harold « Kim » Philby (1912-1988) devint communiste pendant ses études à Cambridge. A 21 ans, il espionnait pour les Soviétiques. Pourtant, sept ans plus tard, il travaillait pour le MI6 britannique. Au bout de trente années d'espionnage, il s'enfuit à Moscou. En reconnaissance de ses services, l'Union soviétique le gratifia d'une pension et d'un appartement (ci-dessus).

La faucille et le marteau, symboles de l'Union soviétique

HONORÉ PAR CHAQUE CAMP
Philby reçut cette décoration du KGB peu de temps après son arrivée à Moscou. Par la suite, le gouvernement soviétique lui attribua l'Ordre du drapeau rouge. Dix-huit ans plus tôt, le roi George VI d'Angleterre, ignorant ses activités, lui avait remis l'Ordre de l'Empire britannique.

RETRAITE À MOSCOU
Après sa défection, Philby vécut à Moscou jusqu'à sa mort, en 1988. La trahison de Philby et de ses collègues, Guy Burgess et Donald MacLean, sema le doute au sein de l'espionnage occidental et discrédita les services de renseignement britanniques.

IDENTITÉ SECRÈTE
Igor Gouzenko (1919-1982) était employé au décodage à l'ambassade soviétique à Ottawa. Après deux années au Canada, il fit défection avec des preuves des activités d'espionnage soviétiques. La police canadienne assura sa protection mais la presse avait des doutes sur sa sincérité. Il portait une cagoule lors de ses entretiens donnés à la télévision pour préserver son anonymat.

SECRETS SÉCURITÉ
Directeur de la mission du KGB à Londres, Oleg Gordievsky (né en 1939) avait accès aux informations les plus secrètes concernant les opérations d'espionnage menées par son pays. Ennemi inavoué du communisme, il travaillait au profit de l'Occident depuis 1966. Il passa en Grande-Bretagne en 1988, quand ses supérieurs hiérarchiques soviétiques commencèrent à avoir quelques soupçons.

Dans ses mémoires, Gordievsky raconte son expérience au sein du KGB.

Gordievsky et son livre *Le KGB vu de l'intérieur*

ARMES SECRÈTES

L'espionnage a un passé sanglant. En temps de guerre, quand le danger est omniprésent, les agents secrets sont particulièrement actifs ; ensuite, une fois les hostilités terminées, ils ont pour mission de faire durer la paix. Mais des armes sont parfois nécessaires pour atteindre cet objectif, aussi pacifique soit-il. Si, en temps de guerre, bien des espions portent leur arme ouvertement, d'autres font preuve d'ingéniosité pour camoufler pistolets ou couteaux. L'émergence de la guerre froide a redonné tout son sens au secret. L'Est comme l'Ouest ont commandité de nombreux meurtres, et certains, comme celui de Georgi Markov, réussirent. D'autres ont échoué : par deux fois, la CIA tenta d'empoisonner le président de Cuba, Fidel Castro. Elle n'hésita pas à envisager des armes insolites et, notamment, elle imagina de mettre des bactéries mortelles dans le cigare de Castro ou de le tuer pendant sa baignade, à l'aide d'un crustacé explosif. Le plus singulier projet de la CIA consistait à verser une poudre spéciale dans les chaussures du chef de la révolution castriste pour lui faire perdre sa fameuse barbe !

Une simple pression sur la gâchette, près du manche, projette les plombs empoisonnés.

Une capsule de gaz transforme le parapluie en fusil à air comprimé.

Des trous minuscules dans les plombs contiennent du poison.

Georgi Markov travaillait pour le service outre-mer de la BBC.

LE PARAPLUIE BULGARE
Sur les ondes britanniques, le Bulgare Georgi Markov avait ouvertement critiqué les dirigeants de son pays. En 1978, à Londres, alors qu'il rentrait chez lui, il ressentit soudain une violente douleur. Se retournant, il aperçut un homme qui ramassait un parapluie. Markov tomba malade et mourut trois jours plus tard. Son assassin, un agent bulgare, avait utilisé un parapluie conçu pour lancer des plombs minuscules renfermant un poison puissant. Dix jours plus tôt, à Paris, d'autres Bulgares avaient attaqué un autre opposant au régime de ce pays, mais la victime s'était remise de ses blessures.

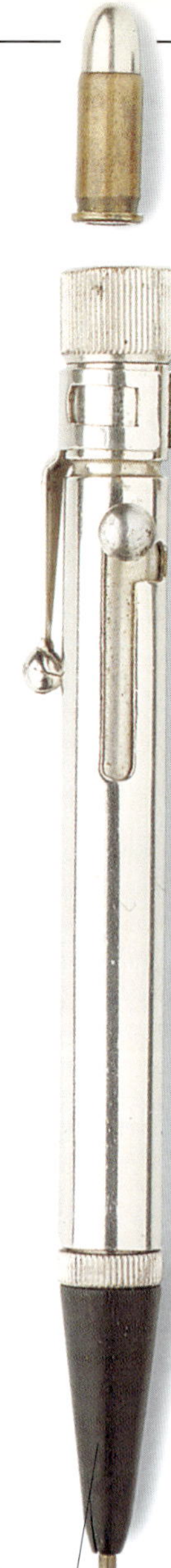

MORTEL STYLO
Maquillées en stylo, ces deux armes pouvaient servir dans un combat au corps à corps. Le stylo-couteau renferme une lame acérée, tandis que le stylo-pistolet peut tirer une balle unique. Les agents du SOE britannique (p. 32-33) les utilisaient pour prendre l'avantage, le temps de se saisir d'une arme plus efficace.

Ce crayon a été partiellement ouvert pour montrer la lame.

Ce type de pistolet n'a pas de canon, ce qui en limite la précision.

Pistolet 6,35 Webley & Scott modifié

Canon court

Pontet

PISTOLET DE CEINTURE
Porté à la ceinture, sous les vêtements, ce petit pistolet utilisé pendant la dernière guerre avait une portée très courte. Pour être sûr de réussir, il fallait se tenir tout près de sa cible. Un câble, passant par la manche du vêtement qui recouvrait l'arme, permettait de faire feu sans être vu.

LAMES DE RASOIR
Toutes les armes ne sont pas faites pour tuer. Ces lames aiguisées comme des rasoirs servent à crever les pneus de voiture. Assez petites pour se cacher aisément, une seule entaille peut donner à un agent le temps de s'échapper. Les saboteurs les utilisent pour immobiliser un véhicule en crevant tous les pneus, sans oublier la roue de secours.

La lame est attachée autour du cou par un lien.

Petite lame courbée

BAGUE REVOLVER
Les armes déguisées ne sont pas nouvelles. Bien équipé, l'espion français du XIXe siècle disposait d'un revolver dissimulé dans le chaton d'une bague. En tournant le barillet, il pouvait faire feu cinq fois de suite. Du fait de sa petite taille et de son mode de fonctionnement, on l'appelait le presse-fruit ou pistolet de paume.

Etant donnée sa petite taille, sa portée est limitée.

La bague-pistolet dispose de cinq balles.

GANT MORTEL
Certaines armes semblent plus dangereuses pour l'utilisateur que pour la cible. L'agent utilisant ce pistolet doit être habile, car il ne dispose que d'une balle, et cette balle peut facilement lui arracher quelques doigts. Le service des renseignements de la marine américaine le fit fabriquer pour ses agents, pendant la Seconde Guerre mondiale.

Le canon pointe entre les doigts.

Le pistolet est fixé à un gant de cuir.

Une simple pression contre le corps de la cible déclenche le coup.

Lame cachée

Lame cachée

Lame dissimulée dans une pièce de monnaie

TALONS AIGUISÉS
En dépit de leur apparence agressive, les lames cachées dans les talons de chaussures ne sont pas destinées à l'attaque. Elles doivent plutôt aider les agents prisonniers à couper leurs liens. Ils peuvent aussi en dissimuler dans des pièces de monnaie, espérant que leurs geôliers leur laissent leur menue monnaie.

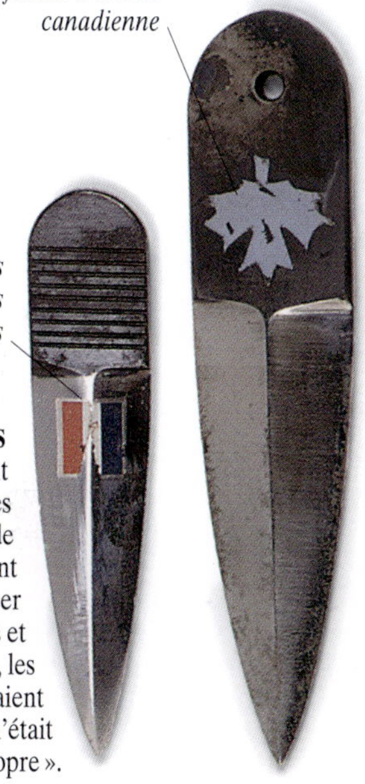

La feuille d'érable canadienne

Les couleurs françaises

MINI-POIGNARDS
Les services spéciaux ont conçu des couteaux faciles à cacher sous un revers de veste ou de manteau. Un agent capturé pouvait les utiliser pour maîtriser ses gardiens et s'enfuir. Cependant, les instructeurs prévenaient les espions que le résultat n'était pas toujours très « propre ».

LA GUERRE FROIDE

À la fin de la Seconde Guerre mondiale, en 1945, l'avenir des agents secrets était sombre. Pourtant, un nouvel âge d'or de l'espionnage était sur le point de naître. Une nouvelle frontière politique partageait l'Europe en deux : le « rideau de fer ». À l'Est, le monde communiste (l'Union soviétique et ses alliés) prétendait créer une société sans classe sociale, où les moyens de production appartiendraient à tous. À l'Ouest, les nations capitalistes, rassemblées autour des États-Unis croyaient dans les vertus de la propriété privée et de la concurrence. Une méfiance exacerbée s'installa entre l'Est et l'Ouest, et cette rivalité entraîna une véritable « guerre froide ». Dans ce climat de suspicion, le travail ne manquait pas pour les espions qui prospéraient : chaque camp rivalisait pour fabriquer les armes atomiques les plus destructrices et envoyait ses agents pour savoir ce que l'autre construisait ou préparait. Les pays recrutaient toujours plus d'hommes pour débusquer les agents de l'ennemi : la course aux armements nucléaires garantissait aux services secrets un financement régulier. Avec la chute du mur de Berlin, symbole du rideau de fer, le 9 novembre 1989, la guerre froide se termine et l'Allemagne est à nouveau unie.

LA CHASSE AUX MISSILES
Les bases de missiles terrestres sont faciles à localiser sur les photographies prises par les satellites espions (p. 52-53). Pour éviter que les missiles soient si facilement repérables, les Etats-Unis, la France, l'Angleterre et l'Union soviétique optèrent pour des sous-marins équipés de lanceurs d'engins qui peuvent à la fois se déplacer et se cacher sous les eaux. Ci-dessus, le missile Trident à l'usage des sous-marins américains.

Champignon atomique

ESSAYER LA BOMBE
Les Etats-Unis ont fait leurs premiers essais de bombe atomique dans le désert du Nouveau-Mexique puis dans les îles Marshall, loin des regards indiscrets. La puissance de ces bombes et leur potentiel destructeur étaient terrifiants. Cela devait suffire à dissuader tout belligérant de les utiliser.

Berlinois participant de manière symbolique à la destruction du mur

DES ARMES POUR LA PAIX
Pendant la guerre froide, les responsables politiques croyaient en un équilibre engendré par une crainte mutuelle : si chaque camp avait assez de bombes pour anéantir l'autre, aucun n'oserait déclencher le conflit. Les deux « superpuissances », l'Union soviétique et les Etats-Unis, construisirent d'énormes missiles à tête nucléaire, sans jamais les utiliser. Ces missiles américains Titan II sont toujours conservés, dans l'attente d'une reconversion en lanceurs de satellite.

CE MUR QUI DIVISAIT L'EUROPE
Pendant la guerre froide, les espions étaient particulièrement actifs à Berlin. Située au milieu de la RDA (Allemagne de l'Est), la ville avait été partagée en 1945 entre les vainqueurs de l'Allemagne nazie en quatre secteurs : américain, britannique, français et soviétique. Le 12 août 1961, afin d'empêcher la population de passer du secteur soviétique, à l'est, vers les trois autres, à l'ouest, le gouvernement de la RDA fit édifier un mur qui coupait la ville en deux. La destruction du mur (à droite), en 1989, permit la réunification de l'Allemagne et marqua la fin de la guerre froide.

UNE EUROPE DIVISÉE

Pendant la guerre froide, seuls quatre pays européens restèrent neutres. Les autres conclurent des alliances politico-militaires : d'une part, le Pacte de Varsovie, signé le 14 mai 1955, qui unissait les pays communistes à l'Union soviétique, d'autre part, l'OTAN, créé le 9 avril 1949, qui regroupait, autour des Etats-Unis, les pays capitalistes, dont la France.

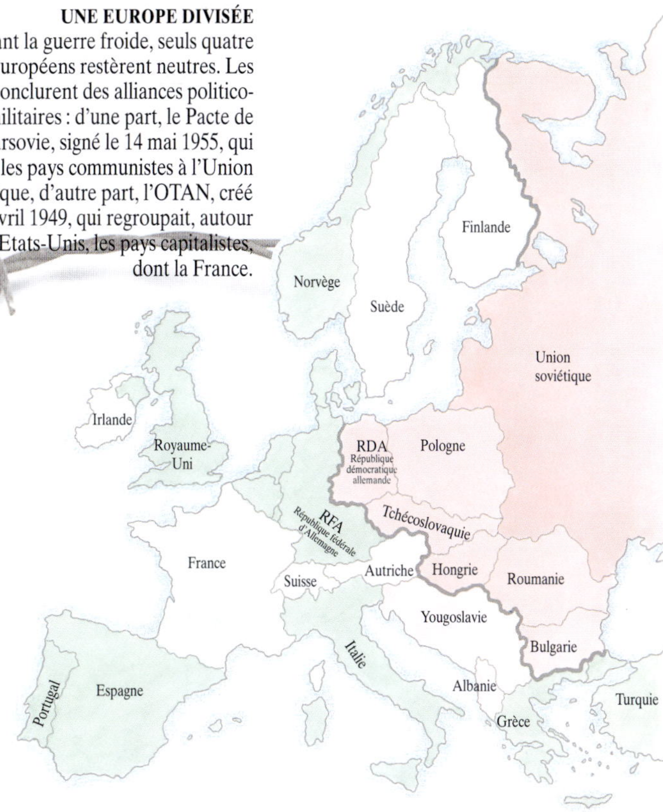

ECHANGE

Les agents arrêtés pendant la guerre froide étaient rapidement exécutés ou, au mieux, ils passaient de longues années en prison ; à moins que leur gouvernement ne parvienne à négocier un échange de prisonniers. C'est ainsi que l'Est et l'Ouest pouvaient récupérer leurs espions. Les agents échangés recouvraient la liberté à l'un des points de passage du mur de Berlin.

PILOTES ESPIONS

Avant que les satellites ne simplifient le travail des espions, les Etats-Unis envoyaient des avions U2 (p. 52-53) observer de l'autre côté du rideau de fer. Les Soviétiques en ont abattu un en 1960, et capturé le pilote, Gary Powers, qui opérait pour la CIA. Celui-ci n'eut pas à purger ses dix ans de prison : il fut échangé contre l'espion soviétique Fischer, alias « Abel », en 1962.

Le pilote Gary Powers photographié après sa capture, en 1960

Inscription peinte après la chute du mur

LES MAÎTRES-ESPIONS

Les responsables de l'espionnage jouent un rôle clé. Le secret qui entoure toutes les opérations de renseignement leur donne d'immenses pouvoirs, ce qui peut être dangereux s'ils choisissent de travailler en sous-main pour l'ennemi. Autrefois, le souverain transmettait directement ses instructions aux espions. Ceux-ci pouvaient aussi lui échapper et être entre les mains de ses conseillers. En France, le cardinal de Richelieu (1585-1642), qui travailla à l'affermissement de l'État et du pouvoir royal, créa le Cabinet noir, qui avait pour mission d'ouvrir les lettres confiées à la poste avant qu'elles ne soient remises à leur destinataire. Ce système permettait de connaître les projets des adversaires du roi. Au XXe siècle, jusqu'à la fin de la guerre froide, les chefs des services secrets communistes contrôlaient complètement certains pays d'Europe de l'Est. À l'Ouest, les pouvoirs du chef du FBI, J. Edgar Hoover, étaient tels qu'il n'hésitait pas à faire chanter certains hommes politiques des États-Unis. Aujourd'hui, les pays acceptent mieux une certaine transparence, mais l'identité des agents des réseaux d'espionnage reste bien entendu secrète.

GÉNÉRAL ROMAIN
Scipion l'Africain (235-183 av. J.-C.) fut l'un des meilleurs maîtres-espions de tout l'Empire romain. Alors qu'il se préparait à attaquer Carthagène, port espagnol, ses agents découvrirent que les renforts de l'ennemi étaient encore à dix jours de marche, ce qui lui permit de remporter aisément la victoire.

POUVOIR OCCULTE
Le cardinal Wolsey (1475-1530), à la tête des services de renseignement du roi Henri VIII, était l'homme le plus puissant d'Angleterre. Ses agents n'hésitaient pas à ouvrir le courrier que les diplomates recevaient de Venise ou d'ailleurs. Pour protéger leurs secrets, les ambassadeurs finirent par envoyer des missives codées.

Pendant des années, Wolsey exerça une profonde influence sur le puissant Henri VIII.

ESPIONS EN INDE
C'est l'empereur moghol Akbar (1542-1605) qui unifia l'Inde. Jeune roi, il employa des fakirs comme espions. Pendant son règne (1556-1605), Akbar agrandit l'Empire indien et réforma le gouvernement. Pour cela, il utilisait également les rapports secrets que lui faisaient ses *kotwal* (fonctionnaires provinciaux), qui devaient impérativement employer des espions.

AGENTS INVISIBLES
Au XIIe siècle, les princes belliqueux du Japon employaient les *ninja* (« se rendre invisible » en japonais) comme espions et assassins silencieux. Ils suivaient un entraînement physique très exigeant et maîtrisaient parfaitement l'art du déguisement. Un seigneur de guerre, Takeda Shingen, les redoutait tant qu'il fit aménager une seconde issue à ses toilettes pour être sûr de pouvoir s'enfuir.

LES SERVICES SECRETS DU TSAR
Le premier tsar de Russie, Ivan IV (1530-1584), méritait bien le surnom d'Ivan le Terrible. Il régna avec l'aide d'agents redoutables, les *opritchniks*, les fidèles. Officiellement reconnue comme police de sécurité, l'*Opritchnina* n'était en fait rien d'autre qu'un ramassis de brigands qui terrorisaient la population, tuant et torturant sans craindre la moindre sanction. Leur emblème représentait une tête de chien et un balai, symboles de leurs capacités à flairer et à balayer toute trahison.

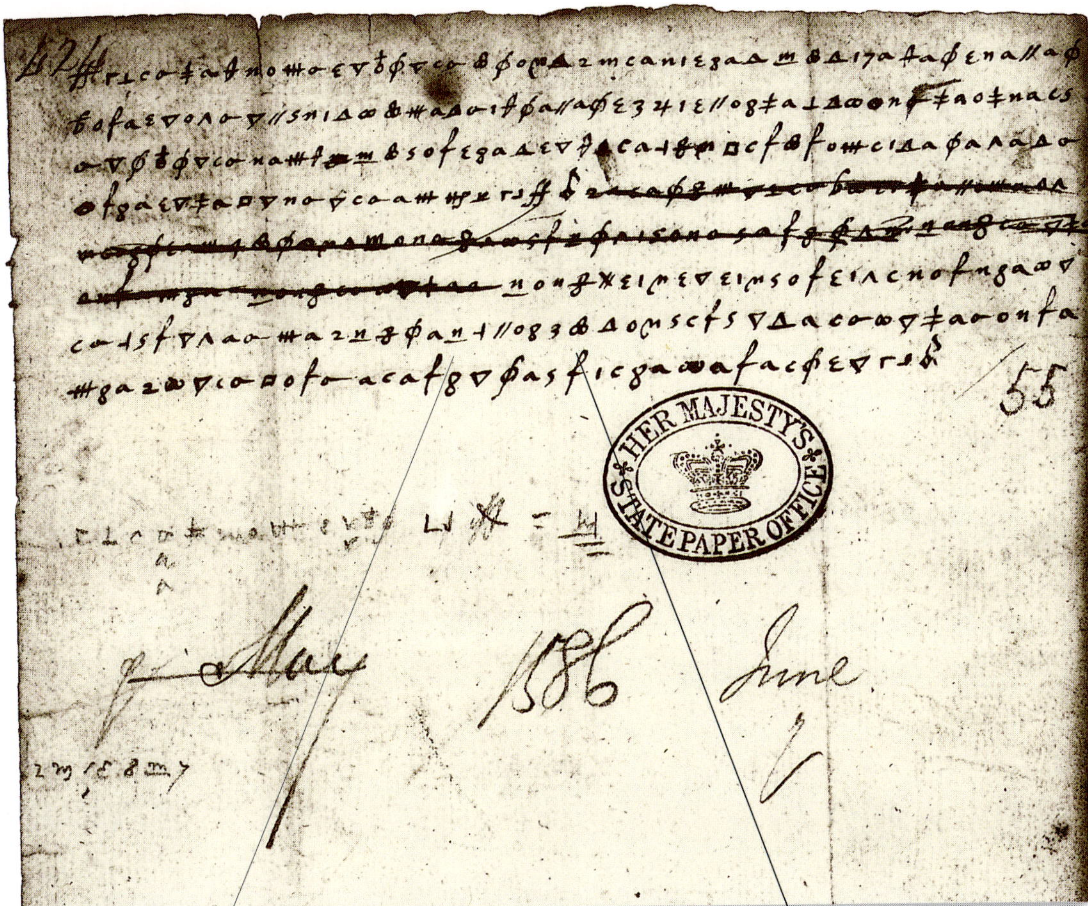

Les agents du chiffre de Walsingham ajoutèrent un paragraphe demandant à Marie Stuart les noms des comploteurs.

Le code utilisé pour cette lettre était simple.

LE PÈRE DES SERVICES SECRETS BRITANNIQUES
Francis Walsingham (v. 1532-1590) a beaucoup contribué à l'édification des services de renseignement britanniques. Sa plus grande réussite fut de déjouer un complot d'assassinat contre la reine Elisabeth Ire. Les agents de Walsingham avaient en effet intercepté des lettres codées échangées entre les auteurs du complot et sa cousine emprisonnée, la reine d'Ecosse Marie Stuart.

MAÎTRE CHANTEUR
Nommé en 1924, J. Edgar Hoover (1895-1972), resta pendant près d'un demi-siècle à la tête du FBI, créé à l'origine pour surprendre les espions ennemis travaillant aux Etats-Unis. Mais ses agents mettaient aussi leur nez dans la vie privée des responsables politiques, y compris celle du président. Menaçant de rendre publics des secrets plus ou moins sordides, Hoover conserva jusqu'à la fin son énorme pouvoir. La CIA fut créée en 1947 pour s'occuper du renseignement étranger, ce qui lui permit de contourner l'immense pouvoir du FBI.

LE CABINET NOIR
Le cardinal Richelieu (1585-1642) créa, outre le Cabinet noir qui resta en activité jusqu'en 1888, une force de police secrète. Ses hommes espionnaient les familles de l'aristocratie opposée à Louis XIII. Leur réputation d'espions hors pair fit le tour de l'Europe.

AGENT DOUBLE AUTRICHIEN
Alfred Redl (1846-1913) était à la tête des services secrets autrichiens. Il modernisa l'institution mais accumula d'énormes dettes personnelles. Aussi, quand la Russie lui offrit de fortes sommes d'argent en échange d'informations essentielles, il accepta et travailla pendant dix ans à son service. Accusé de trahison en 1913, il se suicida avant d'être jugé.

L'HOMME SANS VISAGE
« L'homme sans visage » était le surnom de Markus Wolf pendant la guerre froide. Chargé des opérations étrangères pour la Stasi, la police secrète de l'Allemagne de l'Est (RDA), Wolf avait créé à l'Ouest un réseau d'espions particulièrement bien placés. Ainsi, l'un des plus proches collaborateurs du chancelier ouest-allemand Willy Brandt, Gunter Guillaume, découvert en 1974, espionnait pour le compte de Wolf.

ESPION CONTRE ESPION
Ces personnages de bandes dessinées du magazine *Mad* se moquent de la rivalité qui existait entre les différents services secrets au plus chaud de la guerre froide.

LES SERVICES SECRETS

L'ensemble des services secrets d'un pays constitue ce qu'on appelle sa « Communauté du renseignement ». En France, les agents secrets dépendent de la DGSE (Direction générale de la sécurité extérieure), chargée de collecter à l'extérieur du pays toutes les informations utiles et de pénétrer les services adverses en profondeur ainsi que les organisations terroristes. La DRM (Direction du renseignement militaire) coordonne, comme son sigle l'indique, les services de renseignement des trois armes. La DST (Direction de la surveillance du territoire) s'occupe du contre-espionnage à l'intérieur des frontières mais aussi de lutte contre le terrorisme, ce qui lui a donné des responsabilités particulières par rapport au Moyen-Orient. Ce sont les hommes de la DST qui, en 1994, ont ramené à Paris le fameux « Carlos ».

ATTENTION, ESPIONS
La République populaire de Chine dispose d'un gigantesque réseau de renseignement. Un contrôle central rassemble les informations émanant de différents organismes d'Etat aussi bien que de l'homme de la rue. Dans les années 1970, des avertissements comme celui-ci (à gauche) furent placardés dans tout le pays pour prévenir les citoyens contre les agissements des espions. Hors de Chine, les espions opèrent sans doute par le biais des ambassades et l'agence Chine nouvelle.

« A tout moment, protégez [nos] secrets [et] en tout lieu, gardez-vous des espions. »

Emblème de la CIA

LA CIA
Depuis 1947, la CIA rassemble et analyse pour les Etats-Unis les renseignements concernant l'étranger. Elle est également responsable du contre-espionnage extérieur. Moins connue, la NSA, en réalité plus importante que la CIA, gère tout ce qui concerne le renseignement à partir des transmissions (codage, chiffrage et interception de communications). Un autre organisme, le USSS, ou Secret Service, est chargé de la protection personnelle du président.

Insigne du MI5, l'agence du contre-espionnage britannique

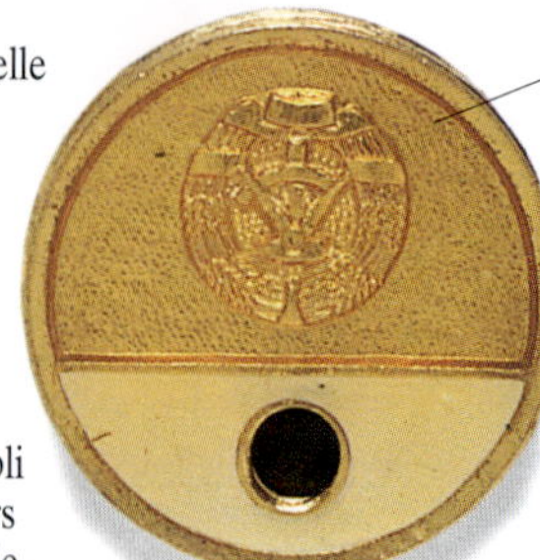

Insigne porté par les officiers de la Stasi

LA STASI
Jusqu'à la réunification officielle de l'Allemagne, en 1990, la Stasi contrôlait l'espionnage du côté oriental. Les Allemands de l'Est avaient de bonnes raisons de redouter cette police secrète car elle employait plus de 85 000 personnes et avait établi des fiches détaillées sur le tiers de la population est-allemande.

MI5 ET MI6
En Grande-Bretagne, deux agences jumelles sont responsables des services d'espionnage et de contre-espionnage sur le plan intérieur, c'est le MI5, créé en 1906 et, pour l'extérieur, le MI6. En 1992, ce fut le premier pays à nommer une femme, Stella Rimington, à la tête d'un service de renseignement de cette importance. Jusqu'en 1995, elle dirigea le MI5, également appelé Service de sécurité. MI6 est le nom militaire des services secrets dont le directeur porte le nom mystérieux de « C ».

Insigne en métal

Insigne porté par les agents du KGB

ESPIONNAGE ISRAÉLIEN
Israël dispose de services de sécurité et de renseignement à l'efficacité impitoyable. Créé en 1951, le Mossad s'occupe de l'espionnage international et des actions contre les ennemis d'Israël. Le Shin Bet (Service de sécurité et de contre-espionnage) est responsable de la sécurité intérieure.

La menorah, symbole du judaïsme

Insigne du Mossad

LE KGB
Le KGB fut le service d'espionnage et de contre-espionnage à l'intérieur comme à l'extérieur de l'URSS de 1954 jusqu'aux années 1990. Les agents du KGB contrôlaient aussi la sécurité interne et ses responsables jouissaient d'une énorme influence politique. Avec l'émergence de la Russie postsoviétique, les tâches du KGB ont été maintenant transmises à des organismes moins puissants au sein des nouvelles républiques.

Le message de Vanunu racontant son enlèvement à Rome

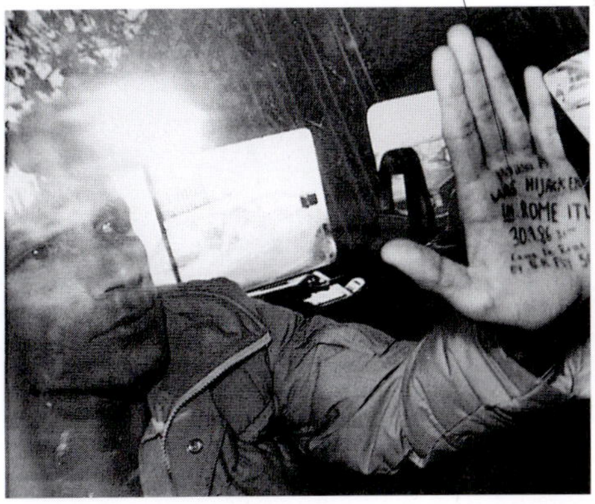

LE MOSSAD À L'ŒUVRE
Les agents du Mossad sont formés pour opérer clandestinement à l'étranger. Quand Mordechai Vanunu, un ingénieur en nucléaire, révéla qu'Israël était en train de fabriquer la bombe atomique, des agents du Mossad l'enlevèrent en Italie et le ramenèrent en Israël où il fut jugé et condamné. A l'occasion de son procès, Vanunu écrivit un message sur sa main pour donner aux journalistes les détails de son enlèvement.

PROFESSION : TUEUR
Les organisations de renseignement de tous les pays nient que leurs agents soient les auteurs de meurtres politiques. Cependant, l'Histoire prouve le contraire. La CIA est célèbre pour ses actions contre les chefs d'Etat opposés aux Etats-Unis. Elle a, par exemple, engagé des tueurs de la mafia pour tenter d'assassiner le président de Cuba, Fidel Castro (p. 36-37). Le transfuge du KGB Oleg Gordievsky affirme que c'est le KGB lui-même qui avait fourni le parapluie aux plombs empoisonnés qui tua Georgi Markov (p. 36-37).

Pistolet 7,65 Manurhin

A l'étranger, les agents de la DGSE se défendent à l'aide d'automatiques de ce type.

EN FRANCE
La DGSE, surnommée la « piscine », en raison de sa proximité géographique avec la piscine des Tourelles, dépend du ministère de la Défense. La DST est un service de police qui dépend du ministère de l'Intérieur. Elle s'occupe du contre-espionnage. Au début des années 1980, la DST fut à l'origine de l'expulsion de 47 diplomates soviétiques suspectés d'espionnage.

L'ESPIONNAGE AU QUOTIDIEN

Des espions vous surveillent peut-être. Les secrets économiques intéressent toujours des sociétés rivales et, pour les obtenir, certains employés ou agents ne reculent devant rien. Pour dérober des documents, les espions industriels utilisent les méthodes et les outils des agents secrets ; et pour protéger ces mêmes documents, les entreprises ont recours aux techniques du contre-espionnage (p. 48-49). Les différents matériels présentés ici permettent tous de protéger les secrets d'une société contre d'éventuels curieux. Mais ils rendent également possible la surveillance des employés eux-mêmes, les menaces d'espionnage pouvant, bien sûr, venir de l'intérieur. Des espions travaillant dans l'entreprise surveillent les salariés peu payés qui pourraient accepter de vendre des informations. Ils guettent d'éventuels cadres mécontents qui seraient tentés d'effacer les données stockées dans un ordinateur. Des micros contrôlent même les bavardages, une précieuse source d'informations.

OUBLI FRUCTUEUX
Avec un petit émetteur comme celui-ci, les hommes ou femmes d'affaires peuvent en apprendre long sur leurs clients. Un représentant commercial en mission n'aura qu'à « oublier » un dossier équipé d'un micro dans la salle de conférences.

PHOTOGRAPHIE OU PHOTOCOPIE
Les espions professionnels utilisent des appareils photo perfectionnés et très coûteux, comme ce Minox (p. 12), pour reproduire des documents. Néanmoins, la photocopieuse du bureau représente une aussi grande menace ; les employés qui l'utilisent n'éveillent pas les soupçons… en outre, les copies ne leur coûtent rien.

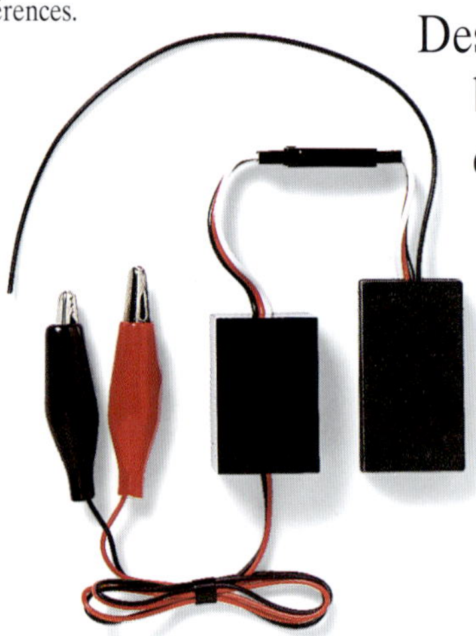

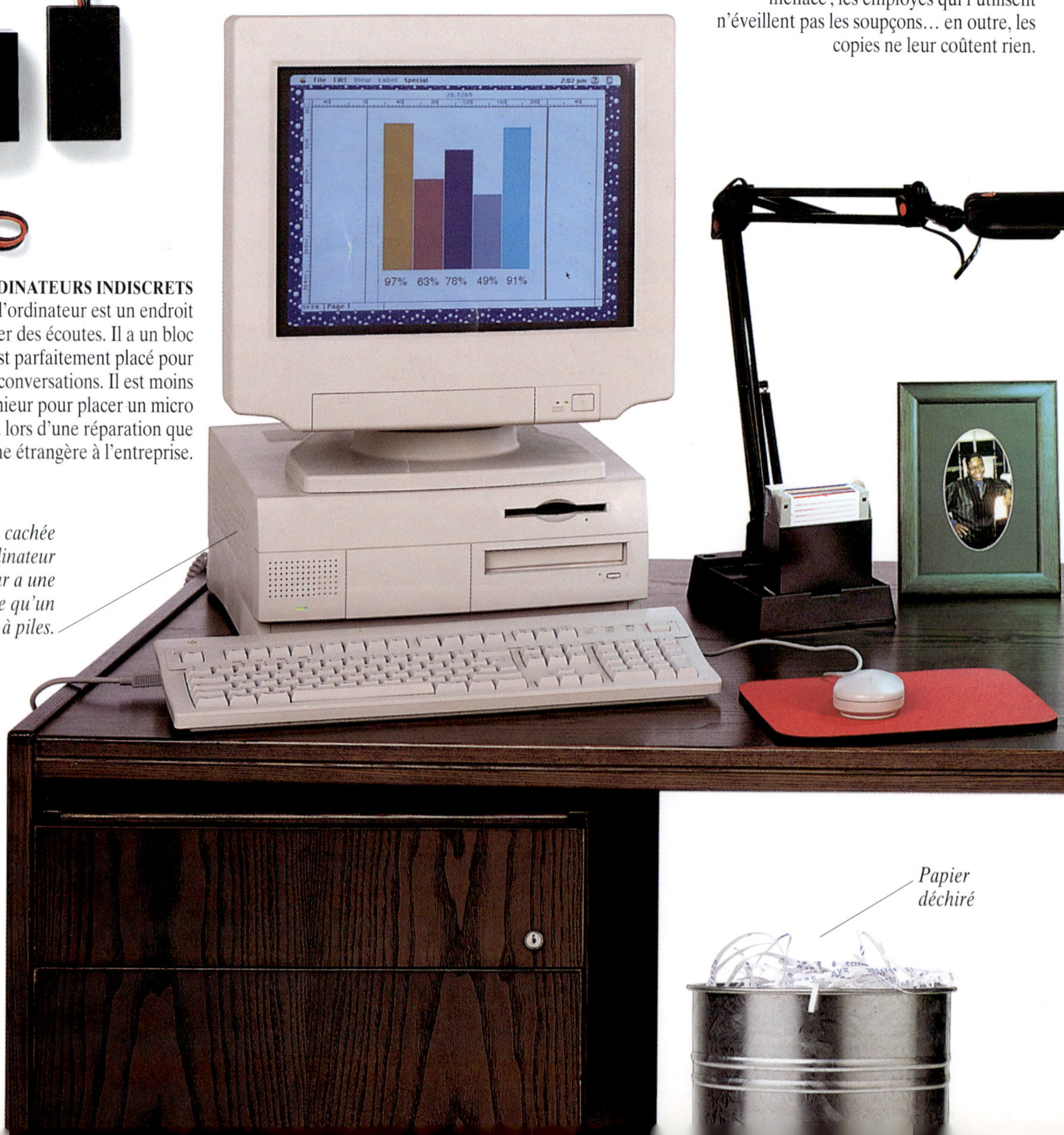

ORDINATEURS INDISCRETS
Présent dans tous les bureaux, l'ordinateur est un endroit idéal pour dissimuler des écoutes. Il a un bloc d'alimentation intégré et il est parfaitement placé pour enregistrer toutes les conversations. Il est moins dangereux de payer un ingénieur pour placer un micro avant la livraison ou lors d'une réparation que d'introduire une personne étrangère à l'entreprise.

Une écoute cachée à l'intérieur d'un ordinateur et raccordée au secteur a une plus grande portée qu'un micro fonctionnant à piles.

Papier déchiré

FORT ET CLAIR
De retour à sa voiture, la personne, qui a installé le micro, n'a plus qu'à régler sa radio pour écouter les discussions de son client concernant ses ventes. Le lendemain, il pourra se présenter à nouveau en ayant adapté sa stratégie commerciale ; il sera en meilleure position pour conclure un marché.

MINICAMÉRAS
Plus d'une entreprise américaine sur dix utilise des caméras vidéo pour surveiller ses employés. Cacher la caméra est chose simple : les plus petites ont des objectifs qui ne sont guère plus gros que le bout d'une allumette.

CAMÉRA TÉMOIN
En 1979, les agents du FBI eurent recours à une caméra cachée pour rassembler des preuves de corruption dans une affaire qu'ils avaient surnommée « ABSCAM ». La vidéo (ci-dessus) prouva que des membres du Congrès (le Parlement américain) avaient reçu des pots-de-vin. Sept d'entre eux furent jugés et emprisonnés.

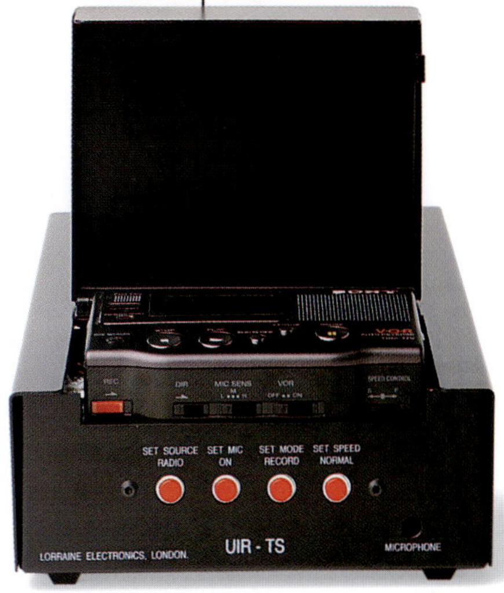

ÉCOUTE LONGUE DISTANCE
Les écoutes ont généralement une portée limitée, mais les émetteurs longue distance se servent des lignes téléphoniques pour surprendre une conversation de n'importe quel endroit du globe. Auparavant, l'espion aura installé son système, le plus souvent dans le téléphone de sa « cible ». Cette écoute ne fonctionne que lorsque l'espion compose le numéro du téléphone équipé du micro, suivi d'une touche spéciale. L'écoute détecte le son émis par la touche et empêche le téléphone visé de sonner. Puis elle permet à l'espion d'écouter les conversations se tenant dans la pièce, le récepteur téléphonique servant de micro. Ainsi, ce récepteur longue distance permet-il, par exemple, de surprendre depuis Lyon une conversation se déroulant à New York.

Une tête de vis sur une pendule peut dissimuler une caméra.

N'importe quel accessoire de bureau peut renfermer une écoute.

Les émetteurs minuscules se placent n'importe où, même dans une plante verte.

Les écoutes longue distance enregistrent les appels téléphoniques et les restituent quand l'espion fait le numéro du téléphone concerné.

PRÉCIEUSES POUBELLES
Des documents soigneusement déchirés ne sont pas pour autant détruits. Les espions industriels sont capables de beaucoup de patience pour reconstituer des secrets déchiquetés.

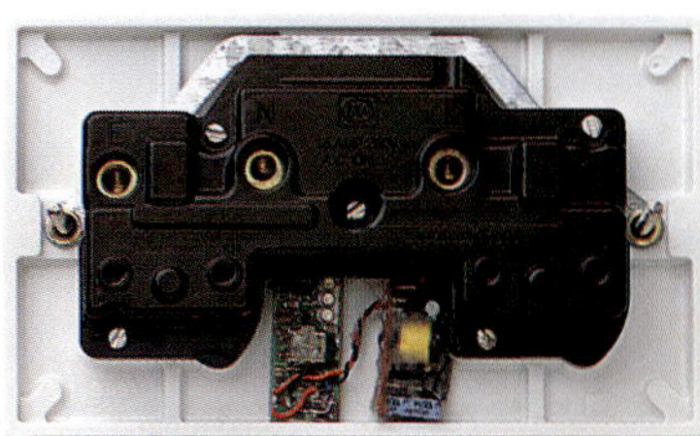

PRISE BRANCHÉE
Camouflée en prise électrique, une écoute devient invisible et impossible à détecter, à moins de démonter la prise ou d'utiliser un détecteur. La prise fonctionne normalement et alimente le micro en électricité. Le câble de prise de terre peut même servir d'antenne pour une plus grande portée !

L'ESPIONNAGE INDUSTRIEL

Les gouvernements et les responsables politiques ne sont pas les seules cibles de l'espionnage. Les entreprises aussi regorgent de secrets que les espions industriels cherchent à voler ou à copier ; ce type d'espionnage est en pleine expansion, bien qu'il ne soit pas nouveau. L'industrie de la soie en fut l'une des premières victimes. En effet, jusqu'au VIe siècle, seuls les Chinois savaient fabriquer cette précieuse étoffe. Justinien Ier (482-565), empereur de Byzance, envoya des espions pour voler le secret de cette production : à sa demande, deux moines rapportèrent de Chine des vers à soie dissimulés dans leurs bâtons creux. Aujourd'hui, bien sûr, l'espionnage industriel est extrêmement sophistiqué, et toujours encouragé par les gouvernements qui en profitent. Depuis 1989, plusieurs affaires de renseignement industriel ont opposé la France et les États-Unis, la DGSE étant accusée par les Américains et la CIA par les Français (expulsion de France de cinq citoyens américains en 1995). Mais, en général, ce sont plutôt les industriels qui cherchent à espionner leurs concurrents, pour découvrir certains détails de conception, des noms de fournisseurs et de clients, etc. Une simple liste de prix peut permettre d'évincer un concurrent.

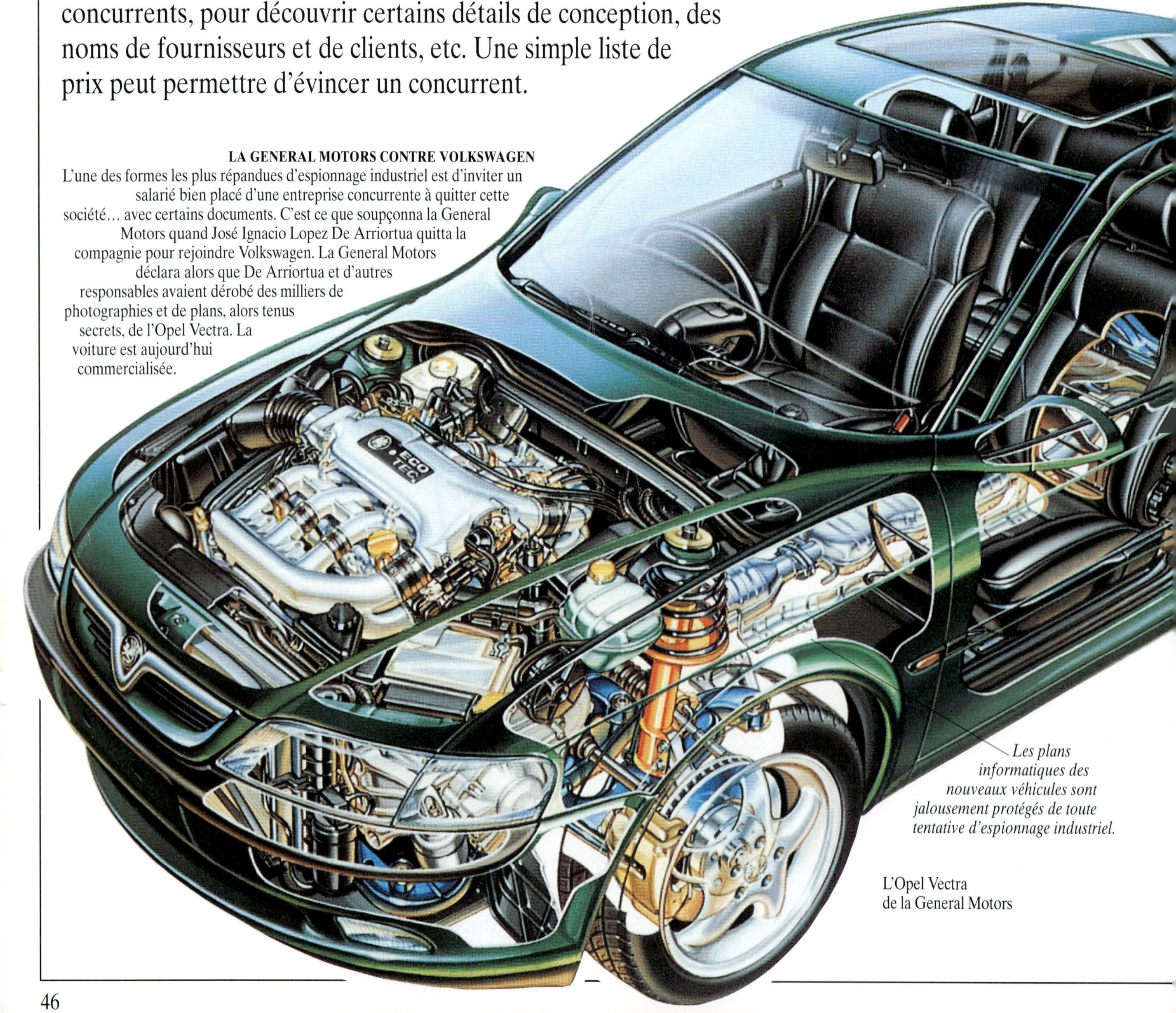

LA GENERAL MOTORS CONTRE VOLKSWAGEN
L'une des formes les plus répandues d'espionnage industriel est d'inviter un salarié bien placé d'une entreprise concurrente à quitter cette société… avec certains documents. C'est ce que soupçonna la General Motors quand José Ignacio Lopez De Arriortua quitta la compagnie pour rejoindre Volkswagen. La General Motors déclara alors que De Arriortua et d'autres responsables avaient dérobé des milliers de photographies et de plans, alors tenus secrets, de l'Opel Vectra. La voiture est aujourd'hui commercialisée.

Les plans informatiques des nouveaux véhicules sont jalousement protégés de toute tentative d'espionnage industriel.

L'Opel Vectra de la General Motors

En Europe, les pertes annuelles en logiciels et dans l'audiovisuel s'élèvent à plus de 6 milliards de dollars.

CD PIRATES

Le piratage (copie illégale) et l'espionnage industriel diminuent fortement les profits des producteurs de musique. A partir d'un seul disque compact, on peut fabriquer des millions de copies. Les fabricants de CD disposent d'un service de protection et de sécurité particulièrement élaboré afin d'assurer le secret jusqu'à la sortie de leurs nouveautés.

Les nouveaux modèles de robes du soir sont la cible des espions longtemps avant les défilés.

CRÉATEURS ?

Dans l'industrie de la mode, le vol d'idées et de dessins est chose courante. Il est facile de réclamer la paternité d'un modèle, mais plus difficile de la prouver. Les fabricants de l'industrie du vêtement peuvent reproduire des modèles et les vendre à d'autres « créateurs ». Il est aussi possible de recréer des modèles à partir de dessins ou de photographies réalisés pendant les défilés de mode.

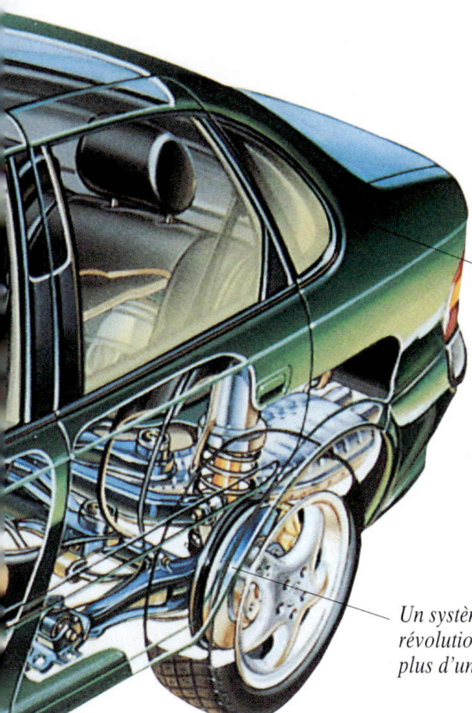

Pour ne pas dévoiler la ligne d'une nouvelle voiture, on effectue les essais en utilisant d'anciennes carrosseries.

Un système de freinage révolutionnaire peut intéresser plus d'un concurrent.

DIAMANTS SYNTHÉTIQUES

Un employé de la General Electric gagnait un million de dollars par an pour transmettre les secrets de la fabrication des diamants synthétiques à une société sud-coréenne. En volant le savoir-faire nécessaire pour construire l'usine, les Coréens évitaient de payer les brevets et économisaient l'énorme coût représenté par un programme de recherche et de développement. La General Electric découvrit la supercherie en 1992.

ORDINATEURS CONVOITÉS

En 1981, le FBI arrêta un ingénieur en informatique, Kenji Hayashi, muni de renseignements sur la technologie des lecteurs de disquettes d'IBM. Son employeur, la société japonaise Hitachi, lui avait remis plus d'un demi-million de dollars pour corrompre des employés d'IBM. Hitachi fut condamnée à payer 60 fois cette somme à IBM.

De minuscules diamants synthétiques sur la circonférence du disque de découpe permettent un travail plus rapide.

LE CONTRE-ESPIONNAGE

Autrefois, le matériel d'écoute était relativement simple, le fil d'un micro pouvait conduire directement à l'espion lui-même. De nos jours, le dépistage d'un micro ou d'écoutes téléphoniques (et des espions qui les utilisent) est plus compliqué. C'est le travail des services du contre-espionnage. Cependant, la détection d'un espion n'entraîne pas toujours son arrestation ; il peut, en effet, être plus intéressant de le laisser poursuivre ses opérations comme si de rien n'était. Un espion à l'œuvre peut fournir de précieuses informations au contre-espionnage, surtout s'il ignore qu'il est surveillé. Ses activités peuvent révéler les différents besoins de l'ennemi, ainsi que des secrets concernant les équipements et les techniques d'espionnage. Ces détails seront utiles pour piéger d'autres agents. Mais les services de contre-espionnage se servent aussi d'espions démasqués pour transmettre de faux renseignements à l'ennemi. En confrontant un espion aux preuves de sa culpabilité, les agents du contre-espionnage peuvent le « retourner », le contraindre à travailler contre ses anciens maîtres comme agent double.

VOUS ÊTES SURVEILLÉ
Les agences de contre-espionnage utilisent souvent les mêmes outils que les espions eux-mêmes. Ce dessin du XIXe siècle se moque de l'engouement des espions et des agents du contre-espionnage pour les caméras cachées.

Brouilleur fixé au combiné

BROUILLAGE
Des systèmes de brouillage permettent de s'assurer qu'aucune oreille indiscrète ne surprenne certains appels téléphoniques. Ce système hache les mots et les organise de manière apparemment incohérente pour les transmettre à l'interlocuteur. A l'arrivée, un autre brouilleur inverse le processus. Chaque interlocuteur a besoin d'un brouilleur pour entendre l'autre parfaitement, tandis que l'espion qui a posé un micro ne perçoit qu'un jargon incompréhensible.

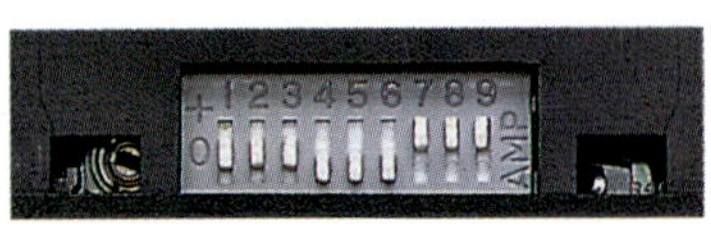

CODE CONVENU
Celui qui appelle compose un code identique à celui de son interlocuteur à l'aide d'une rangée d'interrupteurs minuscules.

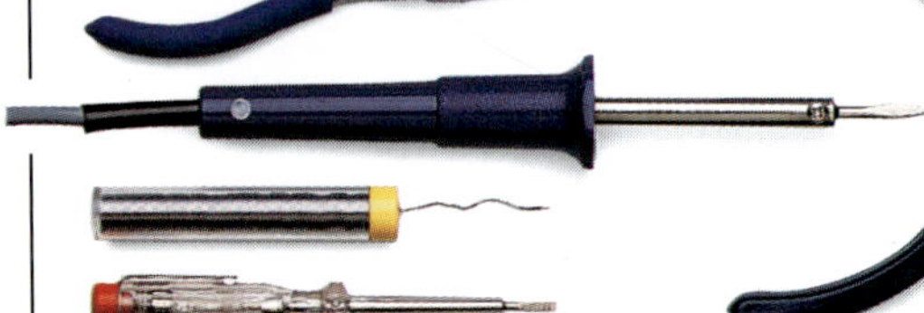

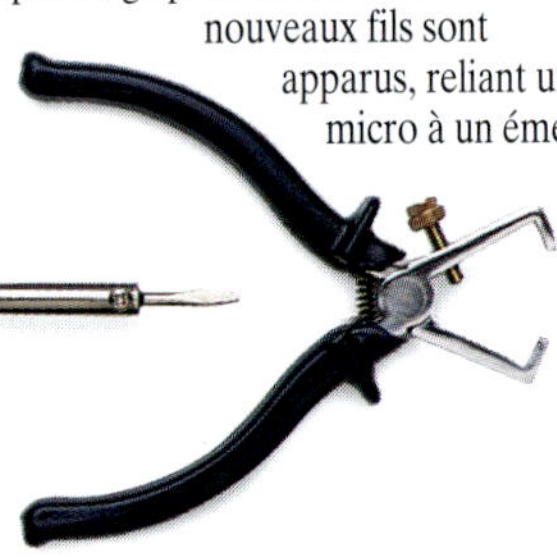

LA TROUSSE DU CONTRE-ESPION
Quand il cherche à détecter des écoutes, un agent du contre-espionnage a besoin de tournevis et de différents outils essentiels pour démonter une prise électrique, explorer un interrupteur ou d'autres éléments du même genre. Un simple coup d'œil peut révéler des signes de bricolage récent et d'en conclure qu'un micro a été posé. En comparant chaque fil électrique au plan de l'installation, un agent du contre-espionnage pourra dire si de nouveaux fils sont apparus, reliant un micro à un émetteur.

Un son aigu dans les écouteurs indique la présence d'un micro.

La poignée peut s'enlever pour permettre la recherche dans les endroits les plus étroits.

La réduction de la puissance émise permet de localiser une écoute.

La sonde détecte les micros même quand ils ne sont pas en fonction.

DÉPISTAGE
Ce matériel permet aux agents du contre-espionnage de vérifier rapidement si des micros ont été posés dans une pièce. La sonde émet un signal radio qui alimente les composants semi-conducteurs, tels que des transistors ou des circuits intégrés. Ceci engendre un autre signal que le système détecte. D'innocents appareils électroniques, comme un téléphone, déclencheront le détecteur. Une fois ceux-ci repérés, les autres signaux ont toutes les chances d'être émis par un micro clandestin.

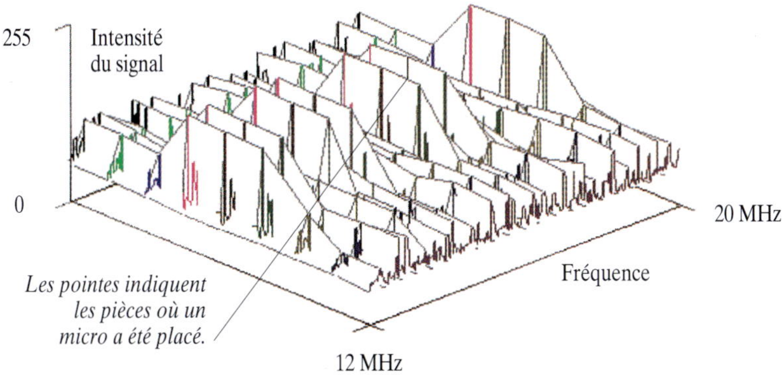

PIÈCES « BRANCHÉES »
En affichant en trois dimensions tous les sons perçus par un récepteur, il est possible de déterminer les pièces où des micros ont été placés. Les courbes signalent la force et la fréquence en mégahertz pour chaque pièce du bâtiment.

MIROIR ESPION
De nombreux bureaux disposent de beaucoup d'espace vide sous le plancher, au-dessus du faux plafond ou à l'intérieur des cloisons. Ces cavités sont assez vastes pour abriter des appareils d'écoute encombrants et sophistiqués. Pour repérer de telles cachettes, les employés de la sécurité se servent de ces petits miroirs et de lampes minuscules. Une tige flexible permet d'inspecter les endroits les plus difficiles d'accès.

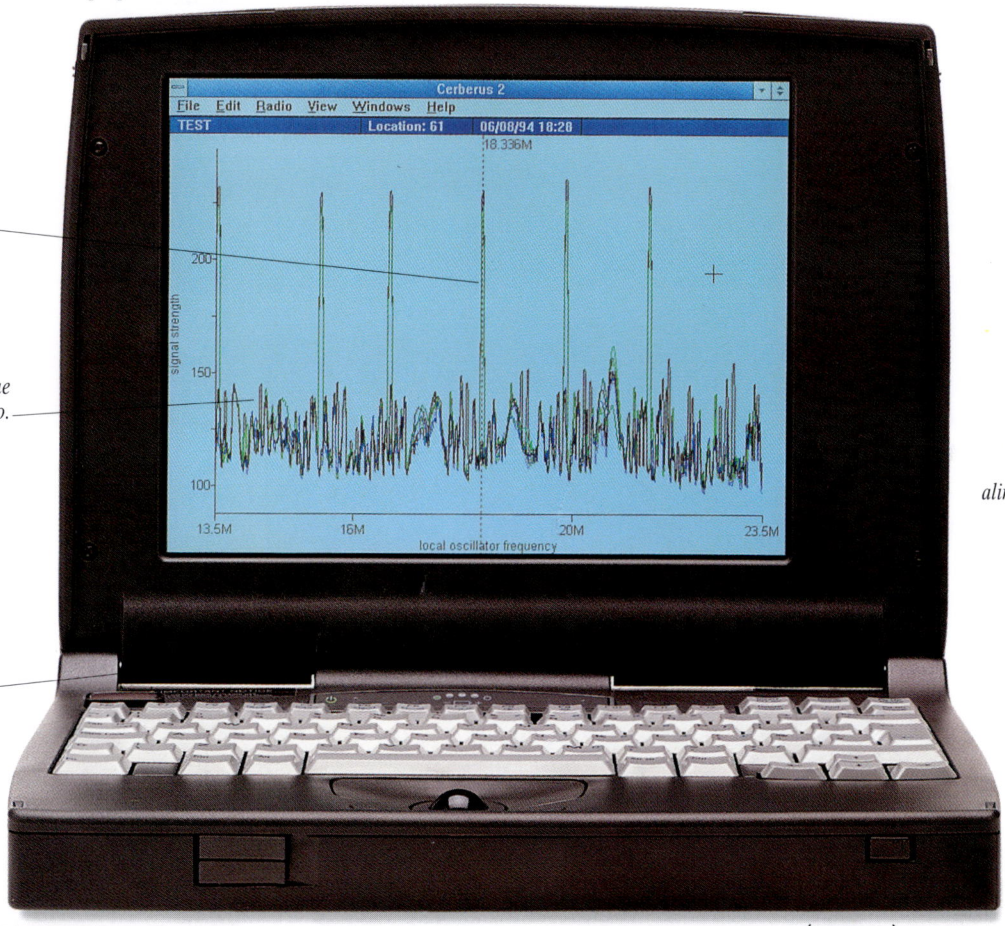

L'antenne capte les signaux émis.

LONGUEURS D'ONDES
Les écoutes bon marché sont faciles à détecter : il suffit de diffuser des sons dans la pièce suspecte, puis d'utiliser un récepteur radio pour rechercher les fréquences les plus communément utilisées jusqu'à ce que l'on retrouve les mêmes sons. Des écoutes plus sophistiquées évitent ce piège en émettant sur des longueurs d'ondes moins répandues, en passant d'une fréquence à l'autre ou en brouillant leurs messages. Ce récepteur Scanlock à champ large détecte ces écoutes « intelligentes » en examinant minutieusement toutes les fréquences de transmission.

L'intensité du signal émis conduit l'opérateur au micro.

ÉCOUTES À L'AFFICHE
Le raccord d'un récepteur Scanlock à un ordinateur portable permet d'afficher ses résultats. Ces courbes procurent de nombreuses informations à l'opérateur sur les messages radio transmis dans les environs. Chaque sommet indique des messages plus forts et chaque courbe dessine l'intensité des échanges radio à un moment précis. Quand un micro se déclenche, le signal émis modifie la courbe qui est en train de se dessiner.

Cet appareil émet un son aigu s'il détecte une écoute.

LA LOCALISATION DES ÉCOUTES
Quand les agents du contre-espionnage savent qu'une pièce est sur écoute, ils peuvent utiliser un compteur léger pour la découvrir. Ce système peu encombrant ne nécessite aucun réglage et émet un signal d'autant plus fort qu'il approche de la source.

LA CHASSE AUX ESPIONS

La localisation et l'identification d'espions ne se font pas sans difficulté, à moins qu'ils ne soient trahis par un agent double ou un transfuge. Des émissions radio suspectes peuvent alerter les services de contre-espionnage et les aider à détecter un émetteur. De même, les écoutes téléphoniques et l'ouverture du courrier, ou encore la « planque » patiente peuvent amener à la capture de quelques espions. Certains agents imprudents se trahissent eux-mêmes… et d'autres en même temps. Ainsi, la prise en filature d'un espion peut-elle conduire à la découverte d'autres agents, inconnus jusque-là. Une fois découverts, il faut les « neutraliser », c'est-à-dire les exposer pour qu'ils ne puissent plus travailler dans le secret, ou les expulser vers leur pays d'origine, les poursuivre en justice ou les emprisonner. Dans certains pays, la neutralisation d'un agent peut être plus expéditive et se solder par une peine de mort après un simulacre de procès.

Des officiers des renseignements quittent le palais de justice avec les instruments d'espionnage utilisés par Bossard.

« DOSSIERS EMPRUNTÉS »
Le tuyau d'un transfuge conseillait au MI5 britannique de surveiller Frank Bossard (né en 1912). Il fut convaincu d'espionnage grâce à un émetteur fixé aux dossiers qu'il « empruntait » à son bureau du ministère de l'Air. Les signaux dirigèrent les officiers du MI5 vers l'endroit où l'espion copiait les documents.

La sonde est introduite par la fente en haut de l'enveloppe et la mâchoire saisit la lettre.

UN DIRECTEUR SUSPICIEUX
Directeur du contre-espionnage à la CIA, James Jesus Angleton (1917-1987) mena la chasse aux espions pendant deux décennies. Il ne faisait confiance à personne et suspectait tous les transfuges d'être des agents doubles du KGB. Il ne découvrit pourtant que peu de taupes, et ses soupçons incessants ne firent que ralentir le travail de la CIA. Ayant ordonné des interceptions illégales de courrier, sa réputation s'en trouva ternie et il fut remercié en 1974.

La poignée enroule étroitement la lettre.

En tirant le manche, l'agent sort la lettre de l'enveloppe.

Les Rosenberg quittent le palais de justice après avoir été condamnés.

CORRESPONDANCE SOUS HAUTE SURVEILLANCE
Les agents du contre-espionnage utilisent des instruments comme celui-ci pour ouvrir des lettres, les lire et les replacer dans leur enveloppe sans la déchirer. Ce savoir-faire leur permet de contrôler le courrier reçu par un espion ; en revanche, celui qu'il envoie est beaucoup plus difficile à intercepter.

PEINE CAPITALE
Les sentences impitoyables encourues par les espions ont parfois soulevé bien des protestations. Julius et Ethel Rosenberg furent accusés d'avoir transmis des secrets atomiques américains à l'Union soviétique. Malgré leurs protestations d'innocence, ils furent les premiers espions condamnés à mort aux Etats-Unis en temps de paix et nombreux furent ceux qui plaidèrent pour leur grâce. Cependant, on les condamna en 1951 et ils furent exécutés à la chaise électrique le 19 juin 1953.

SURVEILLANCE VIDÉO
La surveillance vidéo permet de surprendre un espion en pleine action, mais la visualisation de toutes les images exige beaucoup de temps. Cela va sans doute changer avec le développement des caméras numériques reliées à un ordinateur. Une fois que le logiciel « sait » à quoi ressemblent certains espions, il les reconnaît et déclenche la vidéo qui enregistre alors ses moindres gestes.

Les caméras de surveillance permettent de suivre tous les mouvements d'un suspect.

Carte d'identité d'un agent du SMERSH

« MORT AUX ESPIONS »
SMERSH est la contraction des deux mots russes *Smert Shpionam* (littéralement « mort aux espions »). Pendant la Seconde Guerre mondiale, le SMERSH était chargé d'assassiner les traîtres et les dissidents. On continuait à l'appeler OO (pour *Osobié Otdel*, soit « Département spécial »). D'où l'idée de Ian Fleming du sigle 007 pour James Bond.

Lampe à ultraviolet pour détecter l'état des sceaux anti-écoute

SCEAUX PROTECTEURS
Après avoir vérifié qu'une pièce ne contenait pas de micro, les agents du contre-espionnage posent des sceaux pour que l'endroit reste « propre ». Une lampe à ultraviolet permet de vérifier que les sceaux n'ont pas été brisés.

POUDRE SPÉCIALE
En saupoudrant les dossiers secrets de ces poudres spéciales (à gauche), les agents du contre-espionnage peuvent confondre un agent. Sur ses mains, la poudre brille sous certains éclairages comme cette lampe à ultraviolet (ci-dessus, à droite).

Poudre invisible sous un éclairage normal

L'écran affiche des signaux transmis par satellite pour débusquer les petites embarcations qui, au large de la Floride, pourraient transporter des narcotiques.

NEW YORK
La chasse aux espions ne fait plus la une des journaux, comme pendant la guerre froide, et les anciens officiers du contre-espionnage se sont trouvé de nouvelles tâches. La CIA, par exemple, a créé un centre spécialisé pour coordonner les activités des services de renseignement américains dans leur lutte contre les trafiquants de drogue.

L'ESPIONNAGE TECHNOLOGIQUE

Le travail des espions (appelé en anglais Humint, *Human Intelligence*, renseignement humain) est souvent lent et coûteux ; en outre, si les espions se font prendre, l'affaire peut s'avérer délicate pour les politiques. Il existe heureusement d'autres possibilités. Les progrès technologiques permettent de recourir à des systèmes d'espionnage à distance. Qu'il s'agisse des communications (Comint), des transmissions (Sigint), de l'électronique (Elint) ou de l'image (Imint), tous ces domaines procurent de précieuses informations. Les photographies et les images-radar prises par les avions et les satellites espions constituent la base essentielle de ce type de renseignement à distance. On obtient aujourd'hui de remarquables prises de vue de tout ce qui se trouve à la surface de la terre. Tout comme les satellites élargissent le champ de vision de l'espion, ces nouvelles technologies aiguisent d'autres sens. Les hydrophones au fond de la mer repèrent le son des sous-marins ennemis et les sismographes détectent les vibrations des essais atomiques.

AVION ESPION SANS PILOTE
Mis au point aux Etats-Unis, le Darkstar est un avion téléguidé, sans équipage. Ces engins télépilotés peuvent réaliser des photos aériennes de territoires très protégés sans mettre en péril la vie d'un pilote.

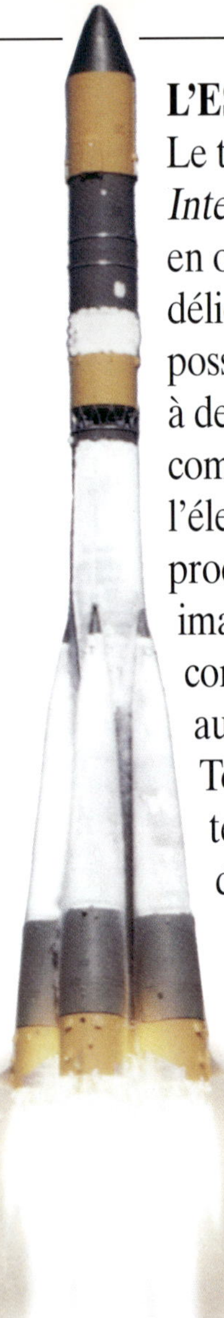

FILM
Les anciens satellites utilisaient des films car les prises de vue étaient bien meilleures qu'en vidéo. Enfermé dans une capsule, le film retombait sur la terre pour être développé. Ces satellites espions sont toujours secrets ; celui-ci, lancé par les Soviétiques, emporte une version civile sur orbite.

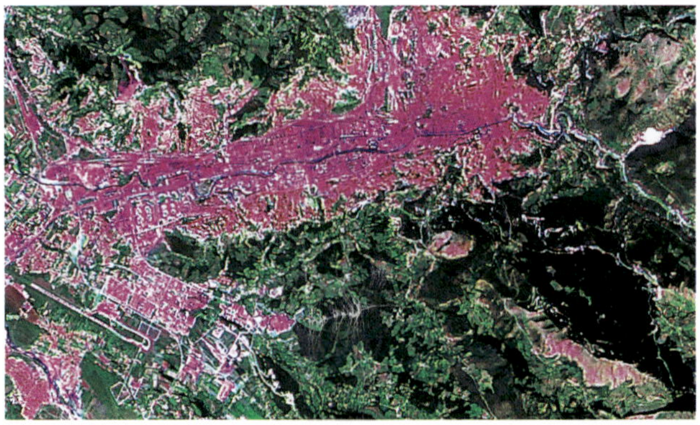

LA TERRE VUE DE L'ESPACE
Les images satellites de la terre fournissent aux services de renseignement quantité de détails, mais sans montrer les couleurs véritables du paysage. Sur cette image de Sarajevo, en ex-Yougoslavie, le traitement électronique fait apparaître les bâtiments en rose. On peut agrandir le cliché pour faire apparaître des éléments plus petits.

Le satellite soviétique KFA de retour au sol

Les capteurs, derrière les fenêtres teintées, distinguent les objets à deux longueurs d'onde ou plus, comme la lumière visible et les infrarouges.

Ces réacteurs permettent au Blackbird de voler à trois fois la vitesse du son.

SATELLITE ESPION
Le satellite espion américain Keyhole 12 peut « voir » une grappe de raisin à 400 km de distance. Aucun pays ne diffuse de photos de ses satellites espions. Cependant, ce satellite d'observation de la Terre, qui sert à l'élaboration de cartes, est conçu sur le même modèle. Les images radar permettent aux satellites espions de voir à travers la couche des nuages et les détecteurs à infrarouge peuvent même déterminer les zones de chaleur intense créées par le lancement d'un missile. Les caméras multispectrales d'un satellite permettent de distinguer un arbre réel d'un camouflage.

U-2
Lors de sa première sortie, en 1955, la CIA accueillit avec enthousiasme cet avion espion capable de voler à très haute altitude. Plus précis et plus fiable, il pouvait rassembler plus d'informations, plus vite que n'importe quel agent au sol. Le U-2 volait à 12 200 m d'altitude, mais pas encore assez haut pour éviter le missile soviétique qui en abattit un en 1960. Le pilote fut capturé (p. 38-39).

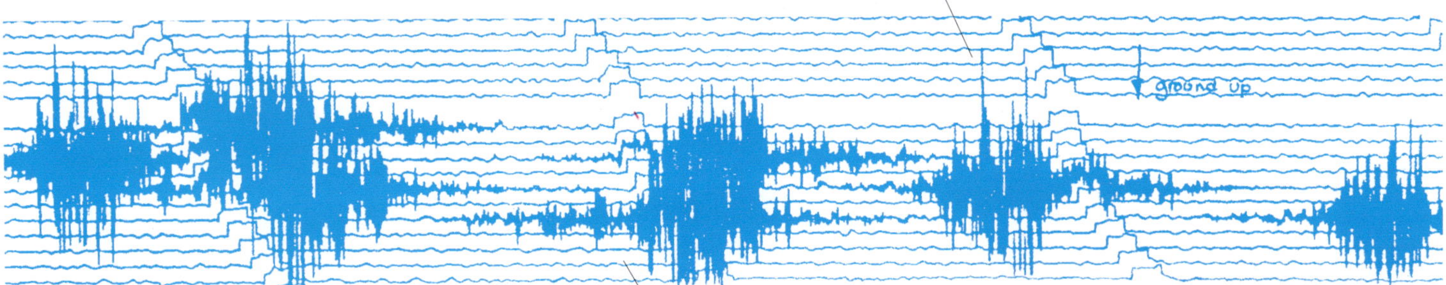

SISMOGRAPHES
Les sismographes dessinent la courbe des vibrations de la croûte terrestre et servent aux géologues pour surveiller les tremblements de terre. Mais ces instruments peuvent aussi enregistrer les effets d'essais nucléaires réalisés de l'autre côté de la terre. Ainsi, grâce à ces tracés, en septembre 1949, les analystes des renseignements américains eurent la preuve que l'Union soviétique avait construit une bombe atomique.

CHANTIER
Prise en 1984, voici la seule photographie d'un porte-avions soviétique en construction dans un chantier naval au bord de la mer Noire. Le cliché montre parfaitement la coque fabriquée en deux parties distinctes. La qualité de l'image a été améliorée par traitement numérique.

BLACKBIRD
L'appareil de reconnaissance Blackbird a été conçu pour remplacer le U-2. Bien qu'il ait été dessiné en 1959, ce biplace vole aujourd'hui encore plus haut et plus vite que n'importe quel autre avion. Il peut traverser l'Atlantique en moins de deux heures et photographier un pays de la taille du Mexique en treize heures.

L'ESPIONNAGE AUJOURD'HUI

La guerre froide a marqué la grande époque de l'espionnage. Tant qu'elle durait, l'Union soviétique et les États-Unis redoutaient les bombes et les missiles l'un de l'autre et avaient besoin des agents secrets pour maintenir la paix. Quand elle se termina, à la fin des années 1980, de nombreux espions se retrouvèrent au chômage. Les services de renseignement devaient se reconvertir et cherchèrent le moyen d'utiliser les qualités particulières et les équipements très spéciaux de leurs espions. Certains se tournèrent vers le monde scientifique. Au lieu de détecter les sous-marins, le réseau secret des hydrophones américains écouta le chant des baleines. Les agents comprirent qu'ils pouvaient aussi bien s'adonner au contre-espionnage qu'à la lutte antiterroriste. Les officiers du renseignement qui jusqu'alors débusquaient les traîtres de la guerre froide se retrouvaient soudain sur la piste des barons de la drogue colombiens. Cependant, tous n'apprécièrent pas ce rôle de gendarmes du monde. Dans le chaos qui suivit l'effondrement de l'Union soviétique, les agriculteurs russes consacrèrent 100 000 champs à la culture du pavot. Il ne leur manquait plus que les individus ayant des contacts internationaux pour distribuer l'héroïne fabriquée à partir du pavot. Ils recrutèrent donc des espions russes récemment licenciés.

SATELLITE « ÉCOLOGIQUE »
Les données transmises par satellite aident les spécialistes de l'environnement à suivre les changements climatiques et les modifications de l'habitat dus aux activités humaines ou aux désastres naturels. Depuis longtemps, les satellites espions réalisent des images d'une grande précision, mais elles étaient restées secrètes. Désormais, la CIA divulgue ces clichés qui vont permettre aux chercheurs de suivre l'évolution de notre planète au cours des quarante dernières années.

DÉTECTEURS DE DROGUE
Les services de renseignement opérant à l'étranger peuvent obtenir des informations concernant la production et la contrebande de drogues. Mais la lutte ne s'arrête pas quand la marchandise est arrivée à destination. Des produits tels que ceux-ci (à gauche) aident les agents à surprendre les trafiquants. Ces aérosols identifient un stupéfiant en quelques secondes, pour éviter les coûts et les délais trop longs d'analyses en laboratoire.

UN MONDE EN MUTATION
Quels que soient les changements qui touchent notre monde, les agents secrets auront toujours un rôle à jouer. Les Soviétiques et les Américains ne se menacent plus directement, mais la guerre aujourd'hui déstabilise l'Europe de l'Est, et les agents de la CIA apprennent le serbo-croate. Ils jouent aussi un rôle important dans la sécurité du président américain.

SATELLITE CONTRE TRAFIQUANTS
La guerre contre la drogue dépend de plus en plus des satellites américains auparavant utilisés pour faire respecter les traités de non-prolifération des armes nucléaires. Surplombant la Colombie, les satellites espions peuvent repérer les pistes d'atterrissage en pleine jungle, les laboratoires de fabrication de narcotiques et les entrepôts. Grâce aux informations fournies par les photos des satellites, les soldats colombiens sont envoyés par hélicoptère pour démanteler ces bases. Lors d'une expédition, en 1994, ils saisirent d'un coup vingt tonnes de cocaïne.

Agent des services secrets américains chargé de la protection du président Bush lors d'un sommet antidrogue

Sac en bandoulière dissimulant une mitraillette

Capsules d'essence à briquet pour une meilleure inflammabilité

Manchon renfermant des billes de matériau nucléaire

Le plutonium contenu à l'intérieur est particulièrement dangereux, mais ceux qui fabriquent la bombe n'ont pas besoin de se protéger des rayons alpha qu'il émet.

VOL DE PLUTONIUM

Des terroristes n'auraient besoin que de 7 kg de plutonium pour fabriquer une bombe atomique. Les ouvriers de l'industrie nucléaire de l'ex-URSS, complètement désorganisée, peuvent leur en vendre clandestinement. Les services de renseignement du monde entier coopèrent pour démanteler ce dangereux commerce.

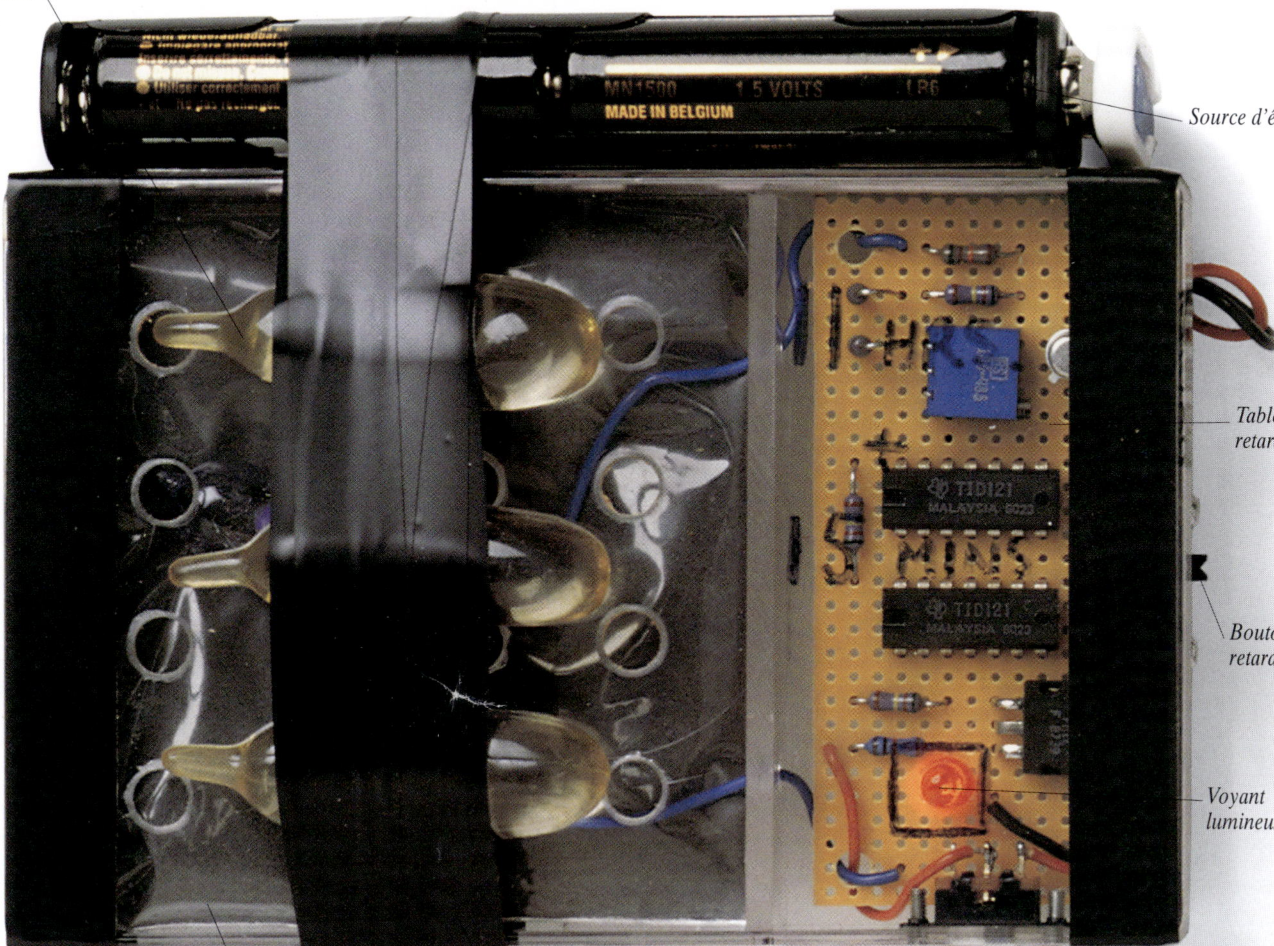

Source d'énergie

Tableau du retardateur

Bouton du retardateur

Voyant lumineux

Marche/arrêt

Bombe incendiaire désamorcée

Compartiment contenant le dispositif incendiaire

LES BOMBES DE L'IRA

En 1993, le MI5 s'est joint à la police dans sa chasse aux bombes fabriquées par l'IRA. Celle-ci a déjà utilisé des armes comme cette bombe incendiaire dans sa lutte pour le rattachement de l'Irlande du Nord (province britannique) à la république d'Irlande (Eire). Aujourd'hui, le MI5 recherche d'autres activistes, dont certains, membres des sociétés de défense des animaux, utilisent également des bombes incendiaires.

LE CRIME ORGANISÉ

Aux Etats-Unis, le FBI poursuit les espions et lutte contre le crime organisé, qu'il s'agisse de la mafia ou des triades chinoises. Les services de contre-espionnage comme le MI5 en Grande-Bretagne n'ont rejoint la police dans ce combat que depuis peu.

A New York, les parieurs se retrouvent au quartier général de la Hung Mon Association, très proche des triades asiatiques.

SENTIER LUMINEUX

Aujourd'hui derrière les barreaux, Abimael Guzman ne dirige plus la guérilla du Sentier lumineux qui a terrorisé le Pérou pendant plus de vingt ans, tuant 25 000 personnes. Pour sa capture, en 1992, la police a utilisé les méthodes les plus classiques de l'espionnage, rassemblant d'abord les informations nécessaires puis faisant surveiller étroitement son appartement par des agents déguisés.

ESPIONS CÉLÈBRES

Les meilleurs espions ne deviennent pas forcément célèbres. Dès qu'ils ont achevé leur travail, ils disparaissent dans l'ombre. Seuls ceux qui opèrent en temps de guerre font exception à la règle. Une fois les hostilités terminées, ils peuvent raconter leur histoire et obtiennent parfois une certaine reconnaissance. La Britannique Odette Sansom fut récompensée de ses services par l'une des décorations les plus prestigieuses de son pays, la George Cross. Sa compatriote Yvonne Cormeau (p. 32-33) remarqua que d'autres agents du SOE eurent droit à une récompense moins prestigieuse car « nous n'avions pas été capturés ». Bien sûr, tous les espions cherchent à éviter une telle issue, mais si cela arrive, la célébrité s'ensuit parfois rapidement. Pourtant les comptes rendus de procès déçoivent souvent les lecteurs des journaux, car la réalité quotidienne des agents secrets se révèle routinière et fastidieuse. Il y a bien quelques espions qui mènent une vie aussi fabuleuse que dans les meilleurs romans. Et certains deviennent des héros de fiction : le personnage de James Bond a été créé d'après la vie de l'agent secret Dusko Popov.

Seán Connery dans le rôle de James Bond dans le film *James Bond 007 contre Dr. No*

VRAI ET FAUX
Le vrai, Dusko Popov (ci-dessus, avec son épouse), tout comme son double fictif, James Bond (en haut), aiment les jeux de hasard et la compagnie des jolies femmes. Ian Fleming (p. 58-59), le créateur de Bond, rencontra Popov en 1941, alors que tous deux étaient en mission.

Pour danser, Mata Hari portait des costumes et des coiffures très recherchés, ou encore elle se produisait nue.

Mata Hari se présentait comme la fille d'une danseuse hindoue qui l'avait consacrée au dieu Shiva.

LA DANSE AU SERVICE DE L'ESPIONNAGE
Sous le nom de Mata Hari, la danseuse Margaretha MacLeod (1876-1917) séduisit des officiers allemands, russes et français pendant la Première Guerre mondiale. Devenue l'une des plus célèbres figures de l'espionnage, elle fut utilisée par les deux camps. Recrutée par les services secrets allemands, qui ne lui faisaient pas entièrement confiance, elle travailla aussi pour les services des Alliés. Elle fut finalement dénoncée par l'Allemagne et fusillée à Vincennes, en France, le 15 octobre 1917.

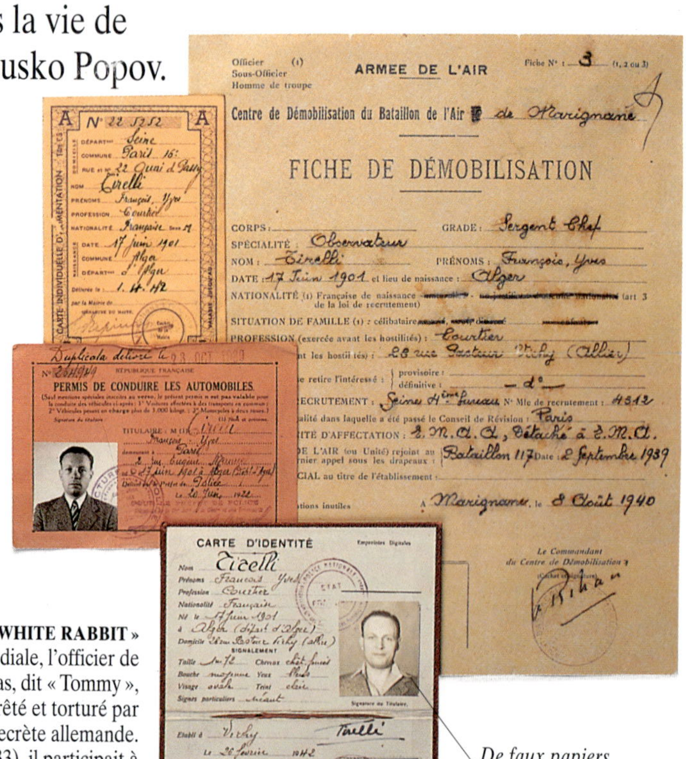

NOM DE CODE : « WHITE RABBIT »
Pendant la Seconde Guerre mondiale, l'officier de la Royal Air Force Yeo-Thomas, dit « Tommy », devint célèbre après avoir été arrêté et torturé par la Gestapo, la police secrète allemande. Travaillant pour le SOE (p. 32-33), il participait à l'organisation de la Résistance française contre l'occupant allemand. Trahi et arrêté à Paris, il s'échappa du camp de concentration de Buchenwald. Repris, il s'échappa une deuxième fois d'un camp de prisonniers de guerre.

De faux papiers procuraient différentes couvertures à « White Rabbit » lors de ses séjours en France.

Donald MacLean (1913-1983) transmit à Moscou des secrets sur la bombe atomique.

Guy Burgess (1911-1963) attira l'attention par son alcoolisme.

Kim Philby (1912-1988) prévint MacLean et Burgess du moment favorable pour passer à l'Est.

Anthony Blunt (1907-1983) aida les autres à passer à l'Est.

Odette Sansom fut la première femme à recevoir la George Cross.

Odette Sansom et ses poupées, en 1954

Poupée cousue à la main

CAMBRIDGE, NID D'ESPIONS

Quatre des espions les plus célèbres de ce siècle se sont connus à l'université de Cambridge, en Angleterre. Employés au Foreign Office, Guy Burgess et Donald MacLean passaient des informations à Moscou, où ils se réfugièrent en 1951, quand le MI5 commença à les suspecter. Kim Philby (p. 34-35) les rejoignit, en 1961, et un « quatrième homme », resté en Angleterre, reconnut alors secrètement avoir eu des activités d'espionnage. En échange de sa confession, Anthony Blunt garda son poste de conservateur des collections de peinture de la reine jusqu'à sa retraite. Cependant, en 1979, son nom fut révélé au public et, plus tard, un « cinquième homme », John Cairncross, fut découvert.

Bâtons de ski en carton et papier d'aluminium

HÉROÏNE DE GUERRE

Pendant la Seconde Guerre mondiale, la Britannique Odette Sansom (1931-1995) travailla comme agent du SOE, sous le nom de « Céline ». Elle participa à la mise en place de groupes de résistants dans le sud de la France, mais fut trahie par un agent double. Arrêtée en 1943, elle fut emprisonnée à Fresnes où elle fut torturée. Transférée ensuite dans une prison allemande puis dans un camp de concentration, elle confectionna ces poupées pour les neveux et nièces d'un prêtre catholique allemand qui l'aida à supporter sa captivité. Elle fut libérée par les Alliés en mai 1945. Les souffrances qu'elle avait endurées et son courage firent d'elle une véritable légende.

PROCÈS À GRAND SPECTACLE

En 1960, l'officier des services secrets militaires Oleg Penkovsky (1919-1963) entra en contact avec les renseignements occidentaux. Il pensait empêcher une guerre en renseignant l'Ouest sur les missiles nucléaires soviétiques. Les secrets qu'il transmit donnèrent aux Etats-Unis un avantage réel pendant la guerre froide. Mais le KGB finit par le surprendre et il n'eut droit qu'à un procès à grand spectacle au cours duquel il dut « avouer ». Condamné à mort, il fut officiellement exécuté en 1963.

ESPIONNAGE ET LITTÉRATURE

L'espionnage est un genre qui se prête parfaitement à la littérature ou au cinéma grand public. Tous les ingrédients sont là : suspense, action et intrigues amoureuses. L'écrivain américain James Fenimore Cooper (1789-1851) est un des pionniers du roman d'espionnage avec *L'Espion*, écrit en 1851. Néanmoins, ce type de littérature n'est devenu réellement populaire qu'au cours des cinquante dernières années. Des auteurs parmi les plus célèbres ont eux-mêmes mené une carrière d'agents secrets. Ian Fleming, par exemple, pendant la dernière guerre, tandis que John Le Carré s'est inspiré de son expérience au sein du MI5 et du MI6 pour brosser un portrait plus réaliste du monde de l'espionnage. Leurs livres, et bien d'autres, ont été adaptés à l'écran, à Hollywood ou ailleurs, mais ces fictions ne convainquent pas toujours les vrais espions. Allen Dulles, ancien chef de la CIA, a écrit que « les espions héroïques [...] n'existent pratiquement pas dans la réalité ».

Michael Caine joue le rôle de Harry Palmer dans le film tourné en 1965 adapté de Ipcress danger immédiat.

ANTIHÉROS
Dans son premier livre, *Ipcress danger immédiat*, l'écrivain Len Deighton a créé un espion qui n'a rien à voir avec James Bond, en dehors de sa nationalité. Cette histoire d'un petit malfrat devenu espion malgré lui a connu un grand succès.

PREMIERS AU HIT-PARADE
Frederick Forsyth (à gauche) écrivit *Le Dossier Odessa* en s'inspirant des exploits de l'agent allemand, Wolfgang Lotz (à droite). Lotz paralysa le programme de missiles égyptiens, favorisant ainsi la victoire d'Israël lors de la guerre des Six Jours contre l'Egypte, en 1967.

Le goût de Lotz pour le luxe lui valut le surnom de « Champagne Spy ».

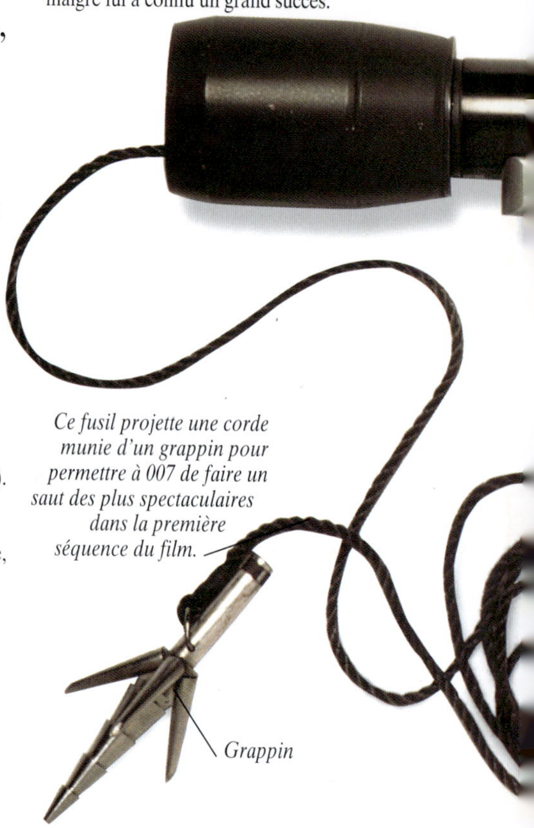

Ce fusil projette une corde munie d'un grappin pour permettre à 007 de faire un saut des plus spectaculaires dans la première séquence du film.

Grappin

LES MEILLEURS AUTEURS
Si les espions britanniques ne sont pas les meilleurs du monde, les auteurs des meilleurs romans d'espionnage sont souvent des Anglais. Dans les années 1960, leurs messages anticommunistes inquiétaient le KGB. L'URSS voulut répondre avec *La Mission Zharkov*, où un héros communiste bat 007, mais l'ouvrage ne parvint pas à détrôner ceux de Ian Fleming, qui ont été traduits dans le monde entier.

MILADY
« Nous sommes enveloppés d'un réseau d'espions », s'écrie d'Artagnan dans *Les Trois Mousquetaires*, d'Alexandre Dumas (1802-1870). Milady est le plus terrible des agents spéciaux employés par le cardinal Richelieu (p. 40-41) pour discréditer Anne d'Autriche, l'épouse du roi Louis XIII.

La ceinture de Bond dans *Goldeneye*

La boucle renferme une fine corde de 27 m de long, capable de supporter le poids de l'agent secret.

Le fusil à grappin de James Bond pour le film *Goldeneye*

Viseur muni d'un téléobjectif

Le fusil à grappin contient un rayon laser que Bond utilise pour découper le toit d'une usine chimique russe.

LES GADGETS DE 007
Les armes de haute technologie de James Bond sont aussi importantes que le héros lui-même. Ian Fleming s'est inspiré des inventions réelles de gens comme Charles Fraser-Smith pour les agents de la Deuxième Guerre mondiale (p. 12-13).

L'HEURE, C'EST L'HEURE !
Dans de nombreux James Bond, les montres jouent un rôle déterminant. Dans *Goldeneye*, un rayon laser permet à Pierce Brosnan de se sortir de bien des mauvais pas.

SUCCÈS INTERNATIONAL
Quand il créa le personnage de James Bond, Ian Fleming (1908-1964) voulait écrire le roman d'espionnage qui « mettrait un terme à tous les autres ». Il a presque réussi : les douze titres concernant 007 ont été vendus à plus de dix-huit millions d'exemplaires.

Pierce Brosnan joue le rôle du célèbre espion dans Goldeneye, *le dix-septième James Bond au cinéma.*

Bond déclenche une mine magnétique pour détruire l'usine chimique.

La trousse du parfait détecteur d'écoutes

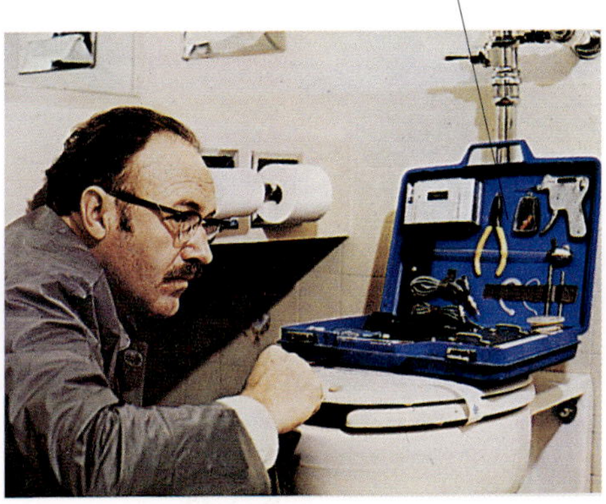

SALLE DE BAINS SUR ÉCOUTE
Dans le film *Conversation secrète* (1974), un expert en écoutes (joué par Gene Hackman) plonge dans un monde de mensonge et de mort. Aussi éprouvant pour les nerfs que n'importe quelle histoire d'espionnage, ce film est une incursion aussi rare que juste dans l'univers de l'espionnage industriel.

INDEX

GLOSSAIRE DES SERVICES SECRETS CITÉS DANS LE LIVRE

CIA - Central Intelligence Agency : Agence centrale de renseignement. Service de renseignement extérieur américain.
DGSE - Direction générale de la sécurité extérieure. Renseignement extérieur français.
DRM - Direction du renseignement militaire français.
DST - Direction de la surveillance du territoire. Service de contre-espionnage français.
FBI - Federal Bureau of Investigation : Bureau fédéral d'enquêtes, police fédérale nord-américaine dont 20 % des effectifs s'occupe de contre-espionnage, le reste de lutte contre la criminalité.
KGB - Komitet Gossoudarstvennoï Bezopasnosti : Comité pour la sécurité de l'Etat. Service de renseignement et police politique d'URSS.
MI6 - Military Intelligence 6 : Renseignement militaire 6, aussi appelé SIS, Secret Intelligence Service. Service de renseignement extérieur anglais.
MI5 - Military Intelligence 5. Contre-espionnage intérieur anglais.
Mossad - HaMossad Le Teum : Institut pour la coordination. Service de renseignement extérieur israélien.
NSA - National Security Agency : Agence nationale de sécurité. Service d'interceptions électromagnétiques nord-américain.
Shin Bet - Sécurité générale. Contre-espionnage intérieur israélien.
SOE - Special Operations Executive : Service des Opérations spéciales. Service britannique de renseignement et d'action dans les pays occupés par l'Allemagne nazie ou le Japon pendant la Seconde Guerre mondiale. Il se composait de résistants du cru et d'agents de nationalité britannique.
STASI - Staatssichereit : Sécurité d'Etat. Police politique d'Allemagne de l'Est. Le service de renseignement extérieur était la HVA, Hauptverwaltung Aufklärung : Administration centrale de renseignement.
Tchéka - Vserossiiskaia Tcherzyvtchaïnaïa Komissia po Borbe s Kontrrrevoliutsiei i Sabotagem : Commission panrusse extraordinaire pour la lutte contre la contre-révolution et le sabotage. Première police politique d'Union soviétique.
USSS - United States Secret Service. Petite unité spécialisée dans la protection du président des Etats-Unis.

NOTES

Dorling Kindersley tient à remercier : Audiotel International Limited (Keith Penny, Ray Summers, Julie Walker, Adrian Hickey) ; Eon Productions (Julie O'Reilly) ; the Imperial War Museum, London (Paul Cornish, John Bullen, Mike Hibbard) ; Intelligence Corps Museum, Ashford (Major R.W.M.Shaw, Mrs. Janet Carpenter) ; Leica UK Ltd (Peter Mulder) ; Lorraine Electronics Surveillance (David Benn, Simon Rosser) ; Next Retail Ltd (Shirley Brown, Hilary Santell) ; Joanne Poynor ; Spycatcher (Mike Phillips) ; Whitbread plc (Nicholas Redman, Archivist) ; Ann Cannings, Jason Gonsalves, Sailesh Patel ; Rick Osman ; Martine Cooper ; John Woodcock ; Iain Morris et Marion Dent.

ICONOGRAPHIE

L'éditeur remercie les agences et personnes suivantes de leur aimable autorisation de reproduction :

h = haut, b = bas, c = centre, g = gauche, d = droite
AKG Photos, London/J.V. Leffdoel Scipio Publius Cornelius 40hg. Ancient Art & Architecture Collection 8hg, 8bg, 8bc. Associated Press Ltd 11hd, 29bg, 35h, 35bd, 43c, 47bg, 52hd ; Wire Photo 53cd. Aviation Photographs International 38hg. Bildarchiv Preussischer Kulturbesitz 25cg. Bilderdienst Süddeutscher Verlag 27cg. Bridgeman Art Library/Guildhall Art Gallery, Corporation of London, Sir John Gilbert, detail from Ego Et Rex Meus 40cg ; Private Collection, I. Glasunov Ivan The Terrible 1989, 40bg ; bg courtesy of the board of Trustees of the V & A, London, Nicholas Hilliard, Mary Queen of Scots 28cg. Camera Press Ltd. 35hd, 39cg ; R. Artacho 55bd ; S. Ferguson 42bd ; B Ross 56dh. Jean-Loup Charmet/ Bibliothèque des Arts Decoratifs, Lucien Laforge L'Espion, 1916, 31hc. D C Comics Inc. Spy vs Spy is a trademark of E.C. Publications, Inc. ©1995. All rights reserved. Used with permission 42h. Mary Evans Picture Library front flap hg, 29d, 40c ; J. Mammen back cover hg, 14hg. E.T. Archive/Biblioteca Nazionale Marciana, Venice 9hd ; Musée Versailles, Philippe de Champaigne, detail from Cardinal Richelieu 41cd ; Staatliche Glyptothek, Munich 9hg ; V & A, London 11hc. Werner Forman Archive/ Ninja Museum Ueno, detail showing Ninja making secret signs 40bg ; E. Strouhal 8bg. Ronald Grant Archive, Stakeout 1987, Touchstone 16bg, Doctor No, 1962, UA/Eon 56hd, The Ipcress File 1965, Rank/Steven Lowndes 58hd, The Three Musketeers 1948, MGM 58bd, The Conversation 1974, Paramount/Francis Ford Coppola 59bg. Keith Hamshere front cover bcg, 4cb, 9bd, 59hd, 59cd, 59bd, 58-59. Michael Holford/Musée de Bayeux 8-9 ; V & A, London 10-11. Hulton Deutsch Collection 10cd, 38c, 41c, 41bg, 56g, 57hc, 57bd, 57g. Imperial War Museum, London 23bc, 29hg, 36hd, 56bd ; Fougasse Careless Talk Costs Lives 10hd. Lockheed 52-53. Lockheed Martin Skunk Works 53h. Magnum Photos Ltd/E. Erwitt 43cg ; S. Meiselas 54bg ; E. Reed 19cd ; A. Webb 51bd ; Zachmann 55bg. The Mansell Collection 10hg. H. Keith Melton front cover br and bcd, back cover dcb, 13hc, 28hg, 28cd, 28hd, 28bd, 30bd, 37hg, 37b, 42bg, 43bd, 45hg, 51cg ; Jerry Richards of the FBI Laboratory, Washington DC 10cg, 10c ; Jack Ingram, Curator of the National Cryptologic Museum, Maryland 16cg, 16c, 27hd. Mirror Syndication International 27b, 50hd ; Aldus Archive 24hg ; Aldus Archive/Science Museum/Eileen Tweedy front cover cd, 24cg ; Rijksinstituut voor Oorlogsdocumentatie 9c ; National Archives, USA 26c ; Public Record Office 25hg, 41hg ; © US Army 27hg. National Cryptologic Museum, Maryland 26bg. National Portrait Gallery, London/John De Critz, the Elder Sir Francis Walsingham 41hd. Peter Newark's American Pictures 30hg, 30bc, 31bg. Popperfoto 23hg, 31hd, 31bd, 35bg, 41bd, 58cg ; Reuter/S. Jaffe 34bd ; Reuter/W. McNamee 34c. Press Association 36bcg. Range/Bettmann/ UPI 22bg, 50c, 54bd ; Bettmann/UPI/ Sam Schulman 50bc. Rex Features Ltd/ Action Press 38-39 ; Sipa-Press 39hg. Reuters Television front cover hg, 42cd (detail), 54hg (detail). Science Photo Library/NRSC Ltd 52c ; R. Ressmeyer, Starlight 38bc. Science & Society Picture Library, Science Museum, London 26hg. Frank Spooner Pictures/ Gamma-Liaison 11cg. Topham-Picturepoint Ltd back cover bd, 12hg, 35cgh, 35c, 34hg, 34hd ; AP 45hc. Worldmap-Priroda 52hg, 52bg.

Tout a été fait pour retrouver les propriétaires des copyrights. Nous nous excusons par avance des oublis involontaires. Nous serons heureux à l'avenir de pouvoir les réparer.